KB036895

과거와 달리 이제 세계에는 두 가지 종류의 사람들이 있다.
네트워크를 직접 운영하는 사람들과,
그 네트워크들을 그저 활용하기만 하는 사람들
니얼 퍼거슨

우리는 데이터의 풍부함을 통하여
우리의 미래가 뿌리 깊이 사회적일 것이고,
지극히 인간적일 것이라 믿는다.
빅토어 마이어 쇤베르거

인류가 하나의 종으로서 성공하게 된 비밀은
우리의 여러 공동체가 집단적 두뇌를 만들 수 있었기 때문이다.

조지프 헨리히

만물 인터넷의 위대한 알고리즘이 누구와 결혼하고,
어떤 직업을 선택하고, 전쟁을 해야 할지 말지 알려줄 것이다.

유발 하라리

플랫폼 경제와 공짜 점심

플랫폼 경제와 공짜 점심

펴낸날 2021년 5월 30일 1판 1쇄
2021년 8월 20일 1판 5쇄

지은이_강성호
펴낸이_김영선
책임교정_이교숙
교정·교열_남은영, 양다은
경영지원_최은정
디자인_바이텍스트
마케팅_신용천

펴낸곳 (주)다빈치하우스-미디어숲
주소 경기도 고양시 일산서구 고양대로632번길 60, 207호
전화 (02) 323-7234
팩스 (02) 323-0253
홈페이지 www.mfbook.co.kr
이메일 dhhard@naver.com (원고투고)
출판등록번호 제 2-2767호

값 15,800원
ISBN 979-11-5874-119-8

• 이 책은 (주)다빈치하우스와 저작권자와의 계약에 따라 발행한 것이므로 본사의 허락 없이는
어떠한 형태나 수단으로도 이 책의 내용을 사용하지 못합니다.
• 미디어숲은 (주)다빈치하우스의 출판브랜드입니다.
• 잘못된 책은 바꾸어 드립니다.

네트워크 경제 입문자를 위한
가장 친절한 안내서

PLATFORM ECONOMY AND

플랫폼 경제와 공짜 점심

SUCH THING AS A FREE LUNCH

강성호 지음

연결이 권력이고 돈이다. 놀면서도 돈을 벌 수 있는 네트워크 경제 세계!

미디어숲

추천사

제4차 산업혁명이 전 세계 질서를 재편하고 있다. 사람과 사물, 그리고 데이터가 시공간의 제약을 넘어 연결되는 초연결사회로 진입하면서 지금껏 볼 수 없었던 새로운 제품과 서비스, 비즈니스가 등장하고 있다. 또한 물리적 공간과 디지털 공간의 경계마저 흐릿해지고 있다.

급속한 변화의 소용돌이 속에 우리는 이미 들어와 있다. 혁신을 선도하고 변화에 유연하게 대응하는 것은 피할 수 없는 과제다. 그러나 혁신 못지않게 중요한 과제가 있다. 디지털 전환의 과정에서 소외된 사람들을 함께 살피고, 따뜻한 손길을 내미는 일이다. 사회 발전은 혁신에서 시작되지만, 구성원에 대한 안전장치가 마련돼야 비로소 사회 전체의 번영으로 이어지기 때문이다.

이 책은 플랫폼과 네트워크를 이야기하지만, '사람을 생각'하는 책이다. 저자는 평범한 보통 사람들이 존중받는 인간다운 경제를 어떻게 만들지를 고민한다. 저자가 그리고 있는 '네트워크 경제의 미래'와 '자본주의 이후의 자본주의의 모습'은 앞으로 우리가 어떠한 세상을 만들어 나가야 하는지에 대한 훌륭한 통찰을 제공할 것이다.

이 책을 통해 우리 사회에서 일어나고 있는 변화를 이해하고, 혁신과 포용의 균형에 대해 생각하는 기회가 되기를 바란다.

최종구 (전 금융위원장)

기술 발전이 인간의 인지 능력을 넘어서는, 이른바 '특이점'이 다가오고 있다. 세상은 어느새 'SNS 시대'를 넘어 '데이터 시대'로 진입했다. 인공지능으로 대변되는 급격한 변화의 중심에 바로 데이터가 있다. 금융제도 전문가인 저자는 앞으로 금융의 주도권은 '누가 정보와 데이터를 좀 더 정확하게 처리하느냐'에 달려 있다고 예견한다.

이 책의 놀라운 점은 최근 일어나는 숨 막히는 변화의 흐름을 매우 간결한 문장과 정확한 개념으로 제시했다는 것이다. '자본파업', '감시자본주의', '데이터노동', '뉴파워' 같은 일련의 새로운 개념은 이 흐름을 이해하는 데 매우 효과적인 푯말이다. '데이터소득', '데이터노동조합', '데이터 재산권', '데이터 주권'과 같은 데이터 시대에 정립돼야 할 중요한 개념도 일목요연하게 정리해 준다. 데이터 시대에 인간다운 자본주의를 만들기 위해 무엇을 먼저 해야 하는지를 알려 준 것은 이 책에서 저자가 이룬 중요한 성과라 할 수 있다.

오늘날 일어나고 있는 변화의 흐름을 파악하고, 그다음을 예견하고 싶다면 이 책을 꼭 읽어 보기를 권한다.

공훈의 (위키트리 창립자, 월단회 회장)

플랫폼 기업들은 금융의 판을 새로 짜고 있다. 정보와 데이터를 무기로 모든 것을 연결하려는 플랫폼 기업들은 금융시장의 디스럽터 disruptor들이다. 앞으로의 금융 네트워크는 정보와 데이터 처리 역량에 따라 재편될 것이며, 금융회사들도 거센 변화의 물결에 직면하고 있다. 네트워크가 만들어내는 변화는 비단 금융산업에만 그치는 것이 아니라 우리가 살아가는 방식과 사회의 질서까지도 새롭게 재편할 것이다.

이 책은 네트워크 경제가 만들고 있는 '새로운 자본주의 질서'에 관한 안내서다. 이 책의 가장 큰 장점은 지금 우리 곁에서 일어나고 있는 변화들을 간결하면서도 피부에 와 닿게 설명한다는 것이다. 경제 분야에 배경지식이 없는 사람들도 이 책에 흥미를 느끼고 쉽게 책장을 넘길 수 있을 것이다.

플랫폼 기업의 경영 전략을 설명하는 '양면시장 이론'에서부터, 개인정보보호를 위한 '프라이버시 역설', 그리고 최근 EU를 중심으로 논의되고 있는 '데이터 공유의무'에 이르기까지, 저자는 다양한 이슈들을 소박한 문장으로 설명한다. 이 책은 네트워크가 만들어내고 있는 변화와, 우리가 이 변화에 어떻게 대처해야 하는지를 정리해 주는 좋은 가이드가 될 것이다.

강경훈 (동국대학교 경영학과 교수, 한국금융정보학회장)

네트워크 경제에 대한
세상에서 가장 친절한 안내서

이 책은 네트워크 경제에 첫 걸음을 내딛는 사람들을 위한 안내서다. 우리 모두는 이미 네트워크 경제의 구성원들이다. 눈을 뜨자마자 스마트폰으로 어젯밤 뉴스를 확인하며 하루를 시작하고, SNS를 통해 친구들과 이야기를 나누는 것은 지극히 평범한 일상의 모습이 되었다.

이 책도 우리의 평범한 일상에 대한 이야기다. 독자들이 전혀 모르는 새로운 주제를 소개하는 책이 아니라, 생활의 일부가 되어 버린 카카오, 네이버, 쿠팡, 구글과 같은 기업의 행태에 대해 좀 더 자세히 들여다보고자 한다.

연결에 대한 본능은 인간의 DNA 속에 들어있다. 우리의 조상들은 사회성을 선택한 것이 아니라, '강요'받았다.[1] 생존하기 위해 집단을 구성했고, 더 큰 집단을 유지하기 위해서는 언어가 필요했다. 언어가 점차 정교해지고, 집단의 규모가 점점 커지자 우리의 '사회적 두뇌social brain'도 함께 커졌다. 네트워크에 의존해야 살아남을 수 있었던 인류는 더 크고 주름진 뇌를 가지게 되었으며, 커지는 머리를 지탱하기 위해 골반과 허리의 모양도 바뀌었다.[2] 우리 신체 곳곳에도 네트워크가 만든 진화의 흔적이 남아있다.

네트워크의 역사는 인류의 역사만큼이나 길다. 네트워크는 우연한 만남, 혈연, 친구, 종교, 경제, 정치 등 다양한 계기로 형성된다. 목적에 따라 촘촘하게 연결되기도 하고 때로는 느슨하게 연결되기도 한다. 사람들은 네트워크를 통해 생각, 기술, 자원, 인력을 교환했고, 그 교환과정에서 전염병과 잘못된 신념, 악습惡習과 같은 해로운 것들이 뒤섞이기도 했다. 네트워크를 통해 서로 얽히고설키는 과정과 그에 대한 인간의 대응은 인류의 역사가 되었다.[3]

이 책은 ICT 기술이 등장한 이후의 네트워크를 다룬다. 네트워크 경제의 한 가운데에 서 있는 '플랫폼 기업'으로 이야기를 시작할 것이다. 그리고 '연결 그 자체'가 어떻게 권력이 되었으며, 네트워크가 위계조직hierarchy을 대체해 나갔는지를 다룬다. 또한 플랫폼 기업들은 어떤 경영전략을 구사하는지도 살핀다. 무패無敗의 도전자인 카카오와 토스가 금융회사들을 상대로 어떤 경쟁을 펼칠 것인지, 미래의 금융산업이 어떻게 재편될 것인지도 간략히 설명한다. 책의 말미에는 인간의 모습을 띤 네트워크 경제를 설계하기 위한 아이디어를 담았다.

경제에 배경 지식이 없는 독자들도 쉽게 이해할 수 있도록 가능한 한 쉽게 쓰려고 노력했다. 소박한 문체를 사용하려 애썼고, 문장의 호흡도 짧게 가져갔다. 익숙하게 느낄 수 있는 사례들도 많이 활용했다. 평소 경제·금융 분야를 딱딱하게 느꼈던 사람들도 쉽게 책장을 넘길 수 있도록 책을 구성했다. 그러나 결코 깊이가 얕은 책은 아니다. 각 챕터마다 세계적 석학들의 이론과 사상이 녹아들어 있다. 이 책은 수십 편의 논문과 도서를 쉽게 축약한 책이라 보아도 무방하다.

그럼에도 만약 책을 읽는 도중 소화하기 어려운 챕터에 부딪힌다면 과감히 다음 챕터로 넘어가라고 권하고 싶다. 이 책의 각 챕터는 큰 이야기를 중심으로 유기적으로 연결되어 있지만, 각 챕터가 저마다 다른 이야기를 하고 있기도 하다. 다음 챕터로 넘어가면 새로운 주제가 기다리고 있으니, 독자들도 이 점을 염두에 두었으면 한다.

독서에서 가장 중요한 것은 재미다. 이해하기 어려운 구문에 사로잡혀 고심하고 끙끙대기보다, 독자들이 이 책과의 시간을 재미있게 보내기를 바란다.

영상매체가 콘텐츠 산업을 지배하는 시대다. 사람들은 글보다는 유튜브를 편하게 느낀다. 특히 젊은 사람들일수록 더욱 그렇다. 유튜브는 가만히 앉아 있어도 콘텐츠를 떠먹여 준다. 영상에 해설까지 곁들이니 소화하기가 쉽다. 그러나 책은 유튜브와는 그 본질부터 다른 매체다. 유튜브로 많은 정보를 습득할 수는 있지만 결코 깊이 있는 지식을 배우거나 지식의 정수에는 도달할 수 없다. 사람들을 몰입하게 만들고 논리적으로 생각하게 만드는 가장 효율적인 도구는 글이기 때문이다. 독자들도 이 책을 통해 생각할 기회를 가지며, 보다 깊이 있는 지식을 얻는 데에 도움이 되었으면 한다.

이 책은 경제 서적이 아니라, 우리 사회의 작동원리에 관한 이야기이기도 하다. 네트워크 경제가 전통적 경제와는 어떻게 다른지, 네트워크가 만들어 낸 새로운 권력은 어떻게 작동하는지, 정보와 데이터가 우리 경제를 어떻게 바꾸어 나가는지에 대한 이야기다. 어떻게 하면 돈을 벌 수 있는지를 가르쳐 주는 책이 아니라, 사회를 바라보는 우리의 식견을 넓혀 주고 우리 사회의 미래와 흐름을 예측하도록 도와줄 것이다.

나는 항상 책의 첫 장을 펼칠 때마다, 많은 기대와 설렘을 갖는다. 여러분도 마찬가지이리라 생각한다. 수많은 책 중에 고민하다 우연히 이 책을 집어 들었을 것이다. 첫 장을 펼친 이유도 이 책에서 새로운 세계를 만나고, 세상을 보는 또 다른 시각을 얻을 수 있을 것이라는 기대와 설렘 때문이라 생각한다. 이 책이 독자들의 기대와 설렘에 보답할 수 있기를 바란다.

저자 강성호

네 믿음은 네 생각이 된다. 네 생각은 네 말이 된다.

네 말은 네 행동이 된다. 네 행동은 네 습관이 된다.

네 습관은 네 가치가 된다. 네 가치는 네 운명이 된다.

마하트마 간디

c o n t e n t s
차례

추천사

프롤로그 네트워크 경제에 대한 세상에서 가장 친절한 안내서

PART 1 변화를 몰고 올 네트워크 경제

우리 사회를 바꾸어 온 정보혁명 _22
-인류 최초의 정보혁명, 글자 _22
-중세사회를 붕괴시킨 두 번째 정보혁명 _23
-세 번째 정보혁명, '네트워크'는 무엇을 무너뜨릴까 _25

네트워크 경제와 플랫폼 기업 _28
-정보혁명 속에서 탄생한 새로운 공간 _28
-전통 경제학 이론과는 다른 작동원리 _32
-공짜 점심이 존재하는 플랫폼 경제 _35
-양면시장 이론을 적용한 최초의 판결 _37
-카카오톡의 성장 과정을 보면 양면시장이 잘 보인다 _41

자본주의 질서를 위협하는 네트워크 경제 _46
-일상이 된 독점, 우리는 카카오톡 하나면 충분하다 _46
-시장과 가격이 사라진다 _48
-변화의 갈림길에 선 조직운영의 원리 _49
-현실로 다가온 노동의 종말 _53
-일자리를 빼앗길 운명에 처한 중개기관들 _57
-모든 것을 공유하는 공유경제 _66

PART 2 네트워크가 경제 권력을 재편하다

경제 권력이 세상을 지배하다 _70
-데이터 처리 속도가 권력 _70
-경제 권력이 지배하는 사회 _74
-경제 권력이 세상을 지배하는 방법 _76

플랫폼 기업과 감시자본주의의 등장 _80
-지극히 사적인 공간, 유튜브 _80
-플랫폼 기업의 노예가 되어 가는 사람들 _82
-네이버쇼핑에 상품평을 쓰는 행위가 갖는 의미 _84
-기업들이 데이터 확보에 사활을 거는 이유 _89

네트워크가 만들어 낸 또 다른 권력 _95
-'연결 그 자체'가 권력 _95
-대중을 사로잡는 방법의 변화 _99
-SNS가 만드는 작은 국가 _104
-경제 영역의 뉴파워, 동료생산 _106
-웹 2.0의 주역, 플랫폼 기업 _111

PART 3 이제는 플랫폼 경제 시대다

플랫폼 시대에 통하는 비즈니스 전략 _116
-플랫폼 산업의 구조에 담긴 비밀 _116
-플랫폼 시대에 맞는 경영 전략 노하우 _121
-무한대로 펼쳐진 플랫폼에서 벌이는 무한 경쟁 _124
-추격당하는 데는 이유가 있다 _127

글로벌 플랫폼, 패권 전쟁은 시작됐다 _130
-기업 경쟁에서 국가 대립으로 번진 플랫폼 _130
-미국의 플랫폼 규제와 정책 _134

금융네트워크가 금융네트워크를 만났을 때 _137
-일상에 스며든 금융네트워크 _137
-협력과 공생을 선택한 금융네트워크 _139
-거대하게 성장한 금융 네트워크의 양과 음 _142

PART 4 모든 것을 연결하려는 플랫폼의 도전

카카오도 금융 네트워크가 될 수 있을까 _148
-플랫폼 기업들의 새로운 도전 _148
-카카오는 금융업에서도 성공할 수 있을까 _151

기존 금융회사들의 경쟁력 _155
-수많은 기업과 연결되어 있는 은행 _155
-빅데이터 기업이 되어버린 카드회사 _157
-금융회사들이 위험을 관리하는 노하우 _158
-은행이 가장 저렴한 대출금리를 제시할 수 있는 비결 _160
-은행 지점, 은행이 지닌 강력한 고객 접점 _164
-좋은 기업을 골라내고, 감시하는 금융회사 _165

플랫폼 기업과 금융산업의 미래 _169
-은행은 미래에도 살아남을 수 있을까 _169
-진화된 은행이 되기 위한 금융회사들의 대응 _172
-은행 지점은 어떻게 달라질까 _178
-은행의 DNA가 미래에도 살아남는 방법 _181

PART 5 네트워크가 만드는 자본주의 이후의 세계

플랫폼 기업을 어떻게 규제할 것인가 _188
-위기에 처한 자본주의가 맞닥뜨린 문제 _188
-플랫폼과 산업을 분리한다면 _189
-인공지능에 대한 외부감사제도 _192
-기업을 완전히 쪼개어 놓은 세계 _194

플랫폼 기업의 독점에 대처하는 방법 _196
-데이터 공룡들의 독식에 맞서기 위해 _196
-독점소득에 대한 과세 _198
-조세수입을 어떻게 사용할 것인가 _201

금융과 노동이 사라진다면 _202
-금융 이후의 금융, 금융을 대체할 새로운 도구 _202
-노동이 사라지면 우리는 무슨 일을 할까 _207

자본주의의 진화를 꿈꾸다 _211
-신자유주의가 불러온 불평등 _211
-코끼리 그래프가 보여 준 신자유주의의 민낯 _215
-자본주의가 위기에 처한 이유 _219
-소유권이 혁신을 가로막는다 _222
-소유권과 혁신을 둘러싼 갈등 _225
-토지공개념을 이야기한 헨리 조지 _229
-사유재산제를 폐지한다면 어떤 일이 생길까 _232

에필로그 인간적인 자본주의 질서를 향한 첫걸음
감사의 글

네트워크 경제에는 공짜 점심이 있다. 앞서 말한 카카오톡, 결혼정보 회사와 같은 사례다. 양면시장에서는 비용을 지불하는 쪽money side과 혜택을 보는 쪽subsidy side이 다르기 때문에 혜택을 보는 쪽은 거의 비용이 들지 않고 서비스를 이용할 수 있다.

PART 1

변화를
몰고 올
네트워크 경제

우리 사회를 바꾸어 온
정보혁명

인류 최초의 정보혁명, 글자

고대 인류에게는 글이 없었다. 말이 유일한 의사소통 수단이었다. 그러나 말에는 태생적인 한계가 있다. 말로는 단순한 사실 전달 이상의 정보 공유가 불가능하다. 그리고 말은 내뱉는 순간 소멸해 버린다.

기원전 3000년경 인류는 큰 변화를 겪는다. 메소포타미아 지역과 이집트 지역에 살던 인류가 '문자'를 발명한 것이다. 메소포타미아 사람들은 갈대와 나뭇가지를 이용해 점토판에 쐐기문자를 새겼다. 이들이 남긴 최초의 문자는 순전히 실용적 목적이었다. 가축이나 재산을 주고받는 상거래를 기록하기 위한 장부였다. 자연스레 문자의 모습도 동물이나 자산의 모습을 본떠 만들어졌다. 우리가 사용하는 알파벳 'A'는 소뿔을 뒤집어 놓은 형상에서 유래했다. 'B'는 방이 두 개 있는 집의 모양에서 따왔다.

'문자'는 인류가 맞이한 첫 번째 '정보혁명'이었다. 문자는 사람들 간 소통의 방식과 깊이를 완전히 바꾸어 놓았다. 단순한 약속은 복잡한 계약으로 진화했다. 문자를 통한 '기록'이 가능해져 정보의 축적과 확산도 가능해졌다. 사람들은 소와 말을 빌리는 기록을 남길 수 있었고, 영수증 발급이나 행정기록도 가능해졌다. 문자가 낳은 첫 번째 정보혁명은 인류에게 문명^{文明}이라는 선물을 선사했다.

문명이라는 한자 단어에는 글자를 뜻하는 '문^文' 자가 포함되어 있다. 이는 글자가 문명의 기초가 되었기 때문이다. 문자가 등장했기 때문에 법률이 만들어졌고, 말로는 불가능하던 복잡한 상거래 계약도 가능해졌다. 문자가 있었기에 대규모 단체생활이 가능해졌고, 거대한 도시도 만들어졌다. 문자를 토대로 건축술과 과학도 발전했다. 문자가 발명된 직후인 기원전 2500년경 이집트에서 피라미드가 세워진 것은 결코 우연이 아니다.

중세사회를 붕괴시킨 두 번째 정보혁명

두 번째 정보혁명은 15세기 유럽에서 일어났다. 오늘날 독일에 해당하는 신성로마제국의 요하네스 구텐베르크는 1450년 세계 최초로 대량 '활판인쇄술'을 발명한다. 상형문자를 사용하던 중국 문화권과 달리, 알파벳을 사용하는 유럽은 대량 인쇄술이 발달하기 유리한 환경이었다. 구텐베르크는 균일한 압력으로 인쇄하기 위해 포도주나 올리브유를 짜던 착즙기^{press}로 종이를 눌러 인쇄했다. 오늘날에도 언론을 프레스^{press}라고 부르는데, 이는 구텐베르크의 인쇄기에서 유래했다.

무엇이든 복제할 수 있는 기계가 있다면 가장 먼저 하고 싶은 일은 무엇일까? 아마도 가장 값비싼 물건을 대량 복제하는 일일 것이다. 구텐베르크도 마찬가지였다. 당시 필사로만 제작되던 『성경』은 매우 값비싼 물건이었다. 『성경』 한 세트의 값은 집 10채 값과 맞먹었다. 구텐베르크는 1452년부터 3년에 걸쳐 성경을 인쇄하기 시작했고, 이때 출판된 성경이 '구텐베르크 성경'이다. 그러나 불행히도 구텐베르크는 성경으로 떼돈을 벌지는 못했다. 그는 인쇄기를 발명하기 위해 많은 돈을 빌렸는데, 인쇄기를 발명한 후에도 이 대출금을 갚지 못해 파산하고 만다.

비록 구텐베르크는 파산했지만, '인쇄술'이 촉발한 두 번째 정보 혁명은 우리 인류 사회를 송두리째 바꾸어 놓았다. 당시 책 1권을 손으로 베껴 쓰는 데에는 두 달이 걸렸지만, 인쇄기를 사용하면 1주일에 500권의 책을 인쇄할 수 있었다. 구텐베르크의 인쇄술이 개발된 직후인 50년 동안 2,000만 권의 책이 출판되는데, 이는 그 이

전 1,000년 동안 출판된 책보다 많은 양이다. 인쇄술로 인해 소수에게만 독점되던 정보가 대량생산, 대량소비 되는 시대를 맞이한 것이다.

중세시대가 유지되었던 원동력은 교회의 『성경』 독점이었다. 개인들이 집 10채와 맞먹는 가격의 『성경』을 소유하는 것은 엄두를 내기 어려운 일이었다. 당시 정보와 데이터의 집약체인 『성경』을 보유할 수 있는 곳은 교회밖에 없었다. 교회는 자연스레 『성경』을 독점했으며, 이를 자기들 입맛에 맞춰 유리하게 해석해 왔다. 교회를 짓는 데에 필요한 헌금을 내면 하나님의 구원을 받을 수 있다는 식의 해석을 덧붙였다.

그런데 인쇄술은 교회가 정보를 독점하는 구조를 완전히 깨뜨려 버린 것이다. 『성경』이 대중화되자 교회의 성경 해석에 의문을 제기하는 사람들이 하나둘 등장했다. 독일의 젊은 수도사제였던 루터도 그중 하나였다. 루터는 1517년 '95개 조 반박문'을 작성하여 교회의 해석을 반박했으며, 이는 중세사회를 무너뜨리는 종교혁명으로 이어졌다. 종교 분야뿐만 아니라 과학, 예술, 인문 등 모든 영역에서도 기존의 권위에 대한 도전이 나타났다. 인쇄술이라는 두 번째 정보혁명이 중세사회의 기득권을 완전히 무너뜨린 것이다.

세 번째 정보혁명, '네트워크'는 무엇을 무너뜨릴까

세 번째 정보혁명은 20세기 끝자락에 나타났다. 그 주인공은 바로

'네트워크' 기술이다. 인터넷으로 대표되는 이 네트워크 기술은 무서운 속도로 확장되며 지구 전체를 덮어 버렸다. 우리는 눈을 뜨자마자 스마트폰으로 뉴스나 이메일을 확인하고, 심지어는 잠을 잘 때도 스마트워치가 나의 맥박을 확인한다. 24시간 내내 네트워크에 연결되어 있는 것이다.

네트워크 기술이 등장한 지난 30년 동안 우리의 삶은 획기적으로 바뀌었다. 일을 하는 방식, 소비하는 방식, 친구들과 대화하는 방식을 바꾼 것은 물론이고, 우리가 '공감'하는 방식과 '권력'을 만들어내는 방식까지도 바꾸었다. 과거에는 투표와 시민운동을 통해 공감하고 의견을 표현했다면, 지금은 '좋아요'를 통해 공감하고, '댓글'과 '트윗'을 통해 여론과 권력을 형성한다.

네트워크가 촉발한 변화는 이제 시작에 불과하다. 지금까지의 네트워크 기술은 우리 사회의 낡은 제도들과 뒤엉킨 채로 성장해 왔다. 그러나 네트워크가 우리 사회에 미치는 영향력이 점차 커지고 우리 사회가 네트워크를 중심으로 재편된다면, 낡은 제도들은 새롭게 정비될 것이다. 구텐베르크의 인쇄술이 지난 수백 년 동안 중세 사회의 기득권에 도전했듯이, 네트워크도 향후 수십 년에 걸쳐 현대 사회의 기득권에 도전할 것이다. 새로운 질서 속에서 권력도 이동할 것이다. 네트워크가 지배하는 경제는 이전과는 완전히 다른 원리로 움직이며, 그 변화에 발 빠르게 적응한 자들이 새로운 권력집단으로 부상할 것이다.

* 네트워크 시대에 등장할 새로운 정치·경제 권력은 누구일까?

* 네트워크 경제는 어떤 원리로 작동하는가?

* 네트워크 경제에 알맞은 새로운 제도와 문화는 무엇일까?

이 책은 위 질문들에 대한 대답이며, 그 대답으로 네트워크 경제의 가장 한 가운데에 서 있는 주인공을 소개하고자 한다. 바로 '플랫폼 기업'이다.

네트워크 경제와
플랫폼 기업

정보혁명 속에서 탄생한 새로운 공간

기차나 지하철을 타는 장소를 우리는 플랫폼platform이라 부른다. 오랫동안 플랫폼은 사람들 간의 '만남'이 이루어지는 곳이었다. 감수성을 자극하는 플랫폼의 만남이라는 기능 때문에, 플랫폼은 많은 문학 작품의 배경이 되었다.

기차역을 배경으로 한 가장 유명한 소설은 톨스토이의 『안나 카레니나』다. 이 소설에는 모스크바 기차역이 등장한다. 주인공 안나는 모스크바 기차역에서 알렉세이 브론스키라는 청년을 만나고 사랑에 빠진다. 소설의 결말도 기차역이다. 사랑에 실패한 안나는 기차역에서 생을 마감한다. 플랫폼은 우리나라 영화에도 자주 등장한다. 조승우, 손예진 주연의 영화 『클래식』에도 기차역 장면이 있다. 조승우는 월남전 파병을 떠나기 전 손예진과 기차역에서 재회하고 이별한다. 이처럼 플랫폼은 시공간을 넘어 '만남'이라는 경험을 상징하는 아이콘이다.

오늘날 플랫폼 하면 기차역보다는 '인터넷 공간'이 먼저 떠오른다. 바로 카카오, 네이버, 쿠팡 같은 기업들인데 이들을 '플랫폼 기업'이라고 부른다. 이 기업들도 기차역의 플랫폼과 같이 '만남'이라는 서비스를 제공하기 때문이다.

우리의 하루는 카카오톡으로 시작된다. 아침에 눈을 뜨자마자 카카오톡으로 새로운 메시지가 있는지부터 확인한다. 그리고 네이버로 뉴스를 읽는다. 카카오톡 플랫폼을 통해 친구를 만나고, 네이버 플랫폼을 통해 새로운 뉴스를 만난다. 그리고 출근 시간 흔들리는 지하철 안에서 인스타그램으로 친구들의 일상을 구경하고, 유튜브에 올라온 영상들을 시청한다. 이는 플랫폼 기업이 제공하는 '콘텐츠와의 만남'들이다.

만남을 다른 말로 표현하면 '연결'이다. 플랫폼은 사용자와 사용자를 연결한다. 카카오톡이나 인스타그램을 통해 친구들과 연결되고, 그들과 일상을 공유한다. 플랫폼 기업은 친구 외에도 여러 사람과 우리를 연결하기도 한다. 네이버는 나와 언론사를 연결한다. 쿠팡은 나와 판매자를 연결한다. 에어비엔비는 나와 숙박 제공업체를 연결한다.

이들은 소비자와의 연결이 아니라, 소비자와 판매자 간의 연결이다. 신용카드사도 일종의 플랫폼이다. 소비자를 상점과 연결시키기 때문이다. 결혼중개회사 역시 남자와 여자를 연결하는 플랫폼 기업이다.

| 표1-1 | 소비자와 판매자와의 만남이 이루어지는 플랫폼

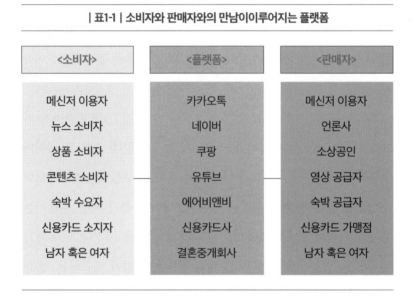

\<소비자\>	\<플랫폼\>	\<판매자\>
메신저 이용자	카카오톡	메신저 이용자
뉴스 소비자	네이버	언론사
상품 소비자	쿠팡	소상공인
콘텐츠 소비자	유튜브	영상 공급자
숙박 수요자	에어비앤비	숙박 공급자
신용카드 소지자	신용카드사	신용카드 가맹점
남자 혹은 여자	결혼중개회사	남자 혹은 여자

이처럼 플랫폼은 전혀 다른 두 시장을 연결하는 도구다. 소비자와 판매자라는 전혀 다른 두 경제주체를 연결하는 기능 때문에 플랫폼을 '양면시장two-sided market'이라 일컫는다. 플랫폼을 가운데에 두고 양쪽에 서로 다른 시장이 하나로 묶여 있다는 뜻이다. 플랫폼은 서로 다른 고객집단, 즉 양면시장이 서로 거래할 수 있도록 만들어진 도구다.[1]

양면시장이 성립하는 이유는 두 경제주체가 서로를 필요로 하기 때문이다. 양면시장에서는 한쪽이 없으면 다른 한쪽도 존재할 이유가 없다. 남자는 여자를 원하고, 여자는 남자를 원하기 때문에 결혼중개라는 플랫폼이 존재한다. 만약 여자회원은 넘쳐나는데 남자회원이 턱없이 부족하다면 그 결혼정보업체에서는 성혼^{成婚}이라는 목적을 달성하기 어렵다. 쿠팡도 마찬가지다. 구매자가 없는데 판매자가 존재할 이유가 없다. 신용카드회사도 동일하다. 신용카드 가맹점이 많아야 신용카드 사용자도 많아진다. 만약 신용카드를 사용할 수 있는 가맹점이 부족하면 카드 사용자도 그 신용카드를 발급받을 필요가 없다. 즉, 양쪽의 시장 규모가 적당해야 양쪽의 시장참여자들은

| 표1-2 | 교차 네트워크 외부성 : 상대방이 많아질수록 이득을 본다

교차 네트워크 외부 효과는 두 시장이 서로 영향을 주고 받는 현상이다. 교차 네트워크 외부 효과는 두 방향(Positive, Negative)으로 작용할 수 있다. 서로 긍정적 영향을 주고 받으며 성장할 수도 있으며, 반대로 두 시장이 부정적 영향을 주며 축소될 수도 있다.

플랫폼의 혜택을 볼 수 있다.

이처럼 플랫폼을 통해 연결되는 두 시장은 서로 밀접하게 상호작용을 한다. 한쪽 시장의 고객이 충분히 커져야, 반대쪽 시장의 고객도 혜택을 볼 수 있다. 시장과 시장이 상호작용을 하며 더 높은 혜택을 보는 구조다. 이처럼 서로 다른 시장의 고객들이 서로 긍정적인 영향을 주고받는 현상을 '교차 네트워크 외부성cross network externality'이라고 일컫는다. 집단의 규모가 크면 클수록 서로에게 이득이라는 의미다.

전통 경제학 이론과는 다른 작동원리

플랫폼 경제가 흥미로운 이유는 전통적인 경제학 이론과는 완전히 다른 방식으로 작동하기 때문이다. 대표적인 사례로는 '가격'이다. 우리는 인터넷에서 공짜를 당연하게 여긴다. 네이버, 카카오톡, 인스타그램, 유튜브는 우리가 매일 사용하고 있는 대표적인 공짜 서비스들이다. 왜 이 인터넷 서비스들은 공짜일까? 우리는 어떻게 카카오톡에 사용료를 내지 않고도 카카오톡을 이용할 수 있을까?

정답은 앞서 말한 양면시장의 '교차 네트워크 외부성' 때문이다. 카카오톡이 공짜로 카카오톡 서비스를 제공하여 많은 사용자를 확보하기만 하면, 광고주들은 저절로 몰려들기 마련이다. 가입자만 충분히 확보되면 플랫폼 반대편의 광고기업들은 기꺼이 값비싼 광고비를 부담하려 한다. 광고주들은 더 많은 가입자들을 원하기 때문이다. 카카오톡은 공짜 서비스로 많은 사용자를 확보한 후, 사용료는 반대편에 있는 광고주들에게 부담을 시키는 구조다.

신용카드도 마찬가지 구조다. 우리는 신용카드를 매일 이용하지만, 결제 수수료를 내지 않는다. 오로지 신용카드 결제의 간편함만 누릴 뿐이다. 우리가 신용카드 이용료를 지불하지 않는 이유도 카카오톡의 작동원리와 같다. 카드 소지자들을 대신해 카드 가맹점들이 카드 사용에 따른 중개 수수료를 지불하고 있기 때문이다.[2]

경제학 이론에 따르면, 시장가격은 수요와 공급에 따라 책정된다. 소비자들이 누리는 혜택이 크면 더 비싼 가격이 부과되는 것이 당연했다. 그러나 플랫폼 기업들은 전통적인 수요-공급의 원리를 따르지 않는다. 오히려 한쪽의 고객에게 서비스를 무료로 제공하거나, 심지어는 음(-)의 가격을 부과하는 방식을 사용하는 것이 일반적이다. 가능한 한 많은 사용자를 끌어모으는 전략이 우선이다. 그리고 이를 바탕으로 다른 쪽의 고객을 끌어모으고, 비용을 모조리 부담시킨다. 공짜로 카카오톡 서비스를 이용하는 사용자가 많아지면, 자연스레 플랫폼 반대편에는 광고주, 이모티콘 판매자, 기프티콘 판매자들이 모이기 마련이다.

따라서 양면시장에서는 돈을 내는 쪽money side과 혜택을 받는subsidy side쪽이 다르다. 카카오톡의 사례에서는 광고업체들이 돈을 내는 쪽이고, 일반 메신저 서비스 사용자들은 혜택을 받는 쪽이다. 쿠팡의 경우에는 판매자들이 돈을 내는 쪽이고, 일반 사용자들은 혜택을 받는 쪽이다. 판매자들이 쿠팡 플랫폼에 입점하기 위해서는 시장가격보다 낮은 가격으로 상품을 팔아야 하기 때문이다. 판매자들은 상품가격을 낮게 책정하는 방식으로 일종의 비용을 부담하고 있다. 그 대가로 플랫폼 반대편의 소비자들은 저렴한 비용으로 상품을 구매한다.

결혼중개시장에서도 돈을 내는 쪽과 혜택을 받는 쪽이 나뉜다. 결혼정보업체에 돈을 내는 쪽은 주로 여성회원이다. 여성회원에게는 높은 가입비가 부과되는 반면, 남성회원에게는 낮은 가입비가 부과된다. 심지어 일부 남성회원은 공짜로 가입하기도 한다. 그리고 드물게는 특정 여성회원과 선이나 소개팅을 하는 조건으로 차비 정도의 비용을 보조받는 남성회원도 있다. 여성회원에게는 양(+)의 가격을 부과하고, 남성회원에게는 0 또는 음(-)의 가격을 부과하는 것이다.

| 표1-3 | 돈을 내는 쪽과 혜택을 받는 쪽이 다른 플랫폼 경제

\<혜택을 받는 쪽\>	\<플랫폼\>	\<돈을 내는 쪽\>
메신저 이용자	카카오톡	광고주
상품 소비자	쿠팡	상품 판매자
신용카드 소지자	신용카드사	신용카드 가맹점
남자	결혼중개회사	여자
일반 앱 이용자	유튜브	프리미엄 서비스 이용자
오늘의 나	밀리의 서재	유료회원이 된 미래의 나

공짜 점심이 존재하는 플랫폼 경제

"세상에 공짜 점심은 없다There is no such thing as a free lunch."

위 표현은 미국의 경제학자 밀턴 프리드먼Milton Friedman이 즐겨 쓰던 격언이다. 경제기사에 수시로 등장하는 이 표현은 서부 개척 시대의 한 술집에서 유래했다. 당시 어느 술집에서는 술을 마시면 점심 식사를 공짜로 제공했다. 그런데 따지고 보면 그 집의 술값은 다른 가게보다 비쌌다. 즉, 공짜 점심을 먹기 위해서는 그만큼 많은 술값을 내야 한다는 뜻이다. 여기에서 파생된 "공짜 점심은 없다"라는 격언은 어떤 일에는 항상 그만한 대가(기회비용)가 따른다는 뜻으로 사용된다.

그러나 네트워크 경제에는 공짜 점심이 있다. 앞서 말한 카카오톡, 결혼정보회사와 같은 사례다. 양면시장에서는 비용을 지불하는 쪽money side과 혜택을 보는 쪽subsidy side이 다르기 때문에 혜택을 보는 쪽은 거의 비용이 들지 않고 서비스를 이용할 수 있다. 이렇게 혜택을 보는 쪽이 받는 돈을 '교차 보조금cross-subsidy'이라고 한다. 양면시장은 다른 누군가가 나 대신 사용료(교차 보조금)를 내고 있기 때문에 작동하는 것이다.

양면시장에서 보조금을 주는 교차 보조 방식은 크게 3가지 유형으로 나뉜다.[3,4]

첫 번째 유형은 '공짜 미끼loss leader'**다.** 영화 스트리밍 서비스를 제공하는 넷플릭스^{Netflix}는 월정액 이용자를 확대하기 위해 회원가입 시 1개월 무료 서비스를 제공했다.(2021년 4월 무료체험 종료) 그리고 전자책 서비스 제공업체인 밀리의 서재도 회원가입 시 1개월 무료 서비스를 제공한다. 그러나 사실 이는 공짜가 아니다. 이 무료 서비스는 '미래의 내'가 지금의 나에게 보조금을 지불하는 셈이다. 서비스를 맛본 미래의 나는 유료회원으로 전환될 확률이 매우 높기 때문이다. 넷플릭스와 밀리의 서재는 이러한 방식의 교차 보조를 활용하여 회원을 확보한다. 공짜 미끼로 사용자를 늘리면, 콘텐츠 제공업체도 많아질 수밖에 없다. 앞서 말한, 교차 네트워크 외부성 때문이다.

두 번째 유형은 '프리미엄^{freemium}'이다. 프리미엄은 무료를 뜻하는 'free'와 추가금을 뜻하는 'premium'의 합성어로, 기본적인 기능은 무료 서비스로 제공하되 추가 기능이나 고급 서비스를 이용하고자 할 때는 유료화하는 전략이다. 이 유형을 가장 잘 활용하는 기업이 유튜브다. 유튜브 앱은 공짜이지만, 광고가 많아 오래 보기에는 다소 불편하다. 이를 보완한 것이 '유튜브 프리미엄'이다. 유튜브 프리미엄은 광고가 없으며, 앱을 꺼도 영상을 이어볼 수 있다. 그 대신 유튜브 프리미엄을 사용하기 위해서는 월 9,500원의 사용료를 내야 한다. 프리미엄 전략도 역시 미래의 내가 나에게 보조금을 주거나, 프리미엄 사용자 집단이 무료 앱 사용자 집단에 보조금을 주는 방식이다.

세 번째 유형은 '대가성 광고^{reward advertising}'다. 어느 한쪽의 사용자

가 광고를 통해 사용료를 지불하는 것이다. 대화창 위에 광고를 띄우는 카카오톡은 전형적인 사례다. 네이버도 마찬가지다. 우리는 네이버로 인터넷을 공짜로 검색한다. 지식백과 서비스도 공짜다. 이는 네이버 검색창 하단에 광고주들이 광고를 띄우기에 가능한 일이다. 네이버의 초록색 검색창 하단의 배너광고는 시간당 수천만 원을 내야 할 정도로 값비싼 광고판이다. 다음의 이메일 서비스도 마찬가지다. 우리가 다음 이메일을 공짜로 사용할 수 있는 이유는 다음 홈페이지의 로그인 창 하단의 광고창 덕분이다.

| 표1-4 | 양면시장 플랫폼이 사용하는 교차 보조금의 유형과 사례

공짜 미끼	프리미엄	대가성 광고
-넷플릭스(1개월 무료사용) -밀리의 서재(1개월 무료사용) -배달의 민족(할인 쿠폰) -여기어때(할인 쿠폰)	-유튜브 프리미엄 -에버노트 체험판 -소개팅 앱(유료회원에게 더 많은 이성 소개) -신용카드(고액의 연회비를 납부하는 프리미엄 카드)	-카카오톡 광고 -네이버 광고 -다음 광고

양면시장 이론을 적용한 최초의 판결

경제이론으로서 '양면시장 이론'은 최근 경제학계에서 가장 인기 있는 연구주제 중 하나였다. 양면시장 이론의 시초였던 로셰와 티롤 Rochet & Tirole이 2003년 이 이론을 발표한 이후 많은 경제학자들이 양면시장 이론을 다루었고, 그만큼 연구논문들도 쏟아졌다.

그렇지만 현실에서는 오랫동안 이 이론이 받아들여지지 못했다. 양면시장 이론을 적용하기 시작하면, 기존의 법질서와 상충되는 부분이 발생하기 때문이다. 기업의 독점을 판단하는 공정거래법 영역은 양면시장 이론을 적용하기 어려웠던 대표적인 분야였다. 양면시장 이론은 서로 다른 두 시장을 하나로 묶어서 취급하자는 것인데, 서로 다른 두 시장을 하나로 묶으면 기업의 독점이나 갑질 여부를 판단하기가 어려워지는 경우가 발생한다.

예를 들어 쿠팡이라는 플랫폼 기업이 소상공인인 판매자들에게 갑질을 하거나, 횡포를 부리는 상황을 가정해 보자. 양면시장 이론은 이를 크게 문제 삼지 않는다. 양면시장은 원래 한쪽이 다른 쪽을 위해 희생하는 것을 기본 원리로 삼기 때문이다. 소상공인(판매자)들에 대한 갑질이 소비자를 끌어모으는 데에 도움이 된다면 이러한 갑질과 독과점은 정당화될 수도 있다는 함의가 양면시장 이론에 내포되어 있다.

그러나 이러한 양면시장의 논리적 귀결을 납득할 수 있을까? 사실 이러한 결론은 심정적으로 선뜻 받아들여지지는 않는다. 쿠팡과 네이버가 소상공인들을 쥐어짜는 행위를 양면시장 이론이라는 이름으로 용서하기는 쉽지 않다. 소비자뿐만 아니라, 소상공인들도 분명 공정한 시장질서라는 법의 보호를 받아야 하는 존재이기 때문이다.

위와 같은 논쟁에도 불구하고, 미국에서는 양면시장 이론이 공정거래법 판결에 적용된 적이 있다. 2018년 6월, 미국 연방대법원은 양면시장 이론을 독점 여부 판단에 최초로 인용했다. 바로, 미국의 아멕스카드사가 신용카드 가맹점에 대해 일종의 '갑질'을 했는지를 판단하는 판결이었다.

미국 신용카드 시장에서는 빅4인 비자^{Visa}, 마스터카드^{Mastercard}, 아멕스카드^{American Express}, 디스커버 카드^{Discover}가 경쟁하고 있었다. 후발 주자로서 시장점유율이 상대적으로 낮았던 아멕스카드는 시장점유율을 높이기 위해 매우 공격적인 마케팅 전략을 사용했다. 가맹점에 아멕스카드 이외의 카드는 사용하지 말라는 '아멕스카드 강제 사용^{Anti-Steering}' 의무를 1990년대 중반부터 부과한 것이다[5]. 아멕스는 가맹점들이 만약 강제 사용 의무를 어기면 가맹점 계약을 해지해 버리는 강력한 페널티도 부과했다.

이에 미국 법무부^{DOJ}는 아멕스카드의 강제 사용 의무는 공정한 경쟁 질서를 위배할 수 있다며 아멕스카드의 마케팅 전략에 제동을 걸었다. 하나의 카드만을 강요하는 것은 가맹점에 대한 갑질이라는 것이다. 또한 카드 강제 사용 의무는 가맹점들이 다른 신용카드사를 원천적으로 선택할 수 없게 만들기 때문에 신용카드사 간의 경쟁을 제한한다고 주장했다. 결국 미국 법무부는 아멕스카드 회사를 상대로 2010년 소송을 제기했다. 법리 다툼은 치열했다. 1심은 법무부가 이겼으나 2심에서는 아멕스카드가 이겼다. 결국 재판은 연방대법원까지 올라갔으며, 2018년 연방대법원은 5 대 4의 차이로 아멕스카드의 손을 들어 주었다.

연방대법원이 아멕스카드의 손을 들어준 근거는 양면시장 이론이었다. 신용카드 시장은 양면시장이기 때문에 카드 소지자와 카드 가맹점을 묶어서 하나의 단일시장으로 봐야 한다는 요지였다. 아멕스카드가 경쟁사보다 카드 가맹점에 높은 수수료를 부과한 것은 사실이지만, 이것만으로 아멕스가 시장 지배력을 지니고 있다고 보기는 어려웠다. 가맹점에서 받은 수수료 수입을 카드 소지자들을 유치하는 데에 사용했기 때문이다. 연방대법원은 높은 수수료 수입이 카드 소지자들에 대한 혜택과 리워드로 돌아간다면 문제가 되지 않는다는 견해를 취했다.

이처럼 양면시장 이론은 한쪽 시장에서 높은 수수료를 부과하거나 카드 사용을 강제하는 것을 정당화하는 논리로 사용될 수 있다. 이 아멕스카드 사건은 미국 경쟁법 영역에서 양면시장 이론이 인용된 최초의 판결이었다.

그러나 소수의견을 제시한 4명의 대법관은 의견이 달랐다. 이들은 양면시장 이론을 지지하지 않았다. 굳이 두 시장을 하나로 묶어 볼 만한 이유가 없다는 것이다. 시장에는 수많은 양면시장이 존재한다. 그런데 왜 하필 신용카드 시장만 두 시장을 하나로 묶어 특별 취급을 하는지에 대한 뚜렷한 근거가 없다는 것이다. 실제로 학계에서도 어디까지를 양면시장으로 봐야 하는지에 대한 일치된 합의가 없다. 양면시장에 대한 추상적 정의만 있을 뿐이다.

양면시장 이론은 한쪽의 희생을 정당화한다는 비판도 존재한다. 한쪽은 수혜를 누리고 한쪽은 피해를 보는데, 어떻게 이것이 과연 상쇄될 수 있느냐는 비판이다. 서로 다른 두 주체의 이해득실을 하나로 합쳐서 생각하자는 주장은 '최대 다수의 최대 행복'이라는 공리주의적 관점에 기반한다. 그러나 어느 일방에 피해를 전가하고 더 큰 이득을 본 집단이 있으니 아무런 문제가 되지 않는다는 시각은 현실에서 정당화되기는 어렵다. 우리 모두는 법적인 보호를 받아야 하는 주체이기 때문이다.

| 표1-5 | 양면시장 이론, 현실에서 적용될 수 있을까?

연방대법원 다수의견(찬성론)	연방대법원 소수의견(반대론)
①양면시장은 네트워크 효과를 보이는 점에서 전통적 시장과 차이가 있다.	①양면시장의 범위에 대한 합의가 없다.
②양면시장에서는 양쪽이 상호작용을 하는 피드백 루프(feedback loop) 현상이 발생한다.	②신용카드 소비자와 신용카드 가맹점은 이질적인 집단이라, 하나로 묶을 수 없다.
③신용카드 시장은 양쪽 시장이 동시에 거래가 일어나므로 하나의 시장으로 묶어서 보아야 한다.	③두 집단의 혜택과 피해를 하나로 상쇄해서 판단하는 것은 불합리하다.

카카오톡의 성장 과정을 보면 양면시장이 잘 보인다

"문자 할게."라는 말보다 "카톡 할게."라는 말이 더 편하게 사용되고 있다. 카카오톡으로 생일인 친구를 확인하고 '선물하기'로 스타벅스 커피 쿠폰을 보낸다. 송금이 필요할 때에도 은행앱 대신 카카오톡 '송금' 버튼을 누른다.[6] 이제 카카오톡은 너무나 익숙한 우리의 일상 모습이 되었다.

'공짜 문자'로 등장한 카카오톡은 어느덧 열두 살이 되었다. 12년이 지나는 동안 카카오톡 없는 우리의 삶은 상상하기도 어렵게 됐다. 국내 메신저 점유율 95퍼센트로 압도적 1위를 차지하고 있으며, 국내외 누적 가입자는 1억 명이나 된다. 이제 카카오톡은 단순한 메신저 앱이 아니다. 송금, 지도, 검색, 게임, 배달, 쇼핑에 이르는 서비스를 제공하는 종합 플랫폼이 되었다.

2010년 3월, 처음 등장한 카카오톡은 메시지를 보내는 앱이었다. 문자 한 건당 20원의 이용료가 부과되던 시대에 카카오톡은 이동통신업자의 문자서비스를 빠르게 대체했다. 카카오톡 등장 이전 통신사들은 문자서비스로 분기마다 2,500억 원씩을 벌었다. 그러나 통신사는 황금알을 낳는 거위 같은 존재였던 문자메시지를 카카오톡에 고스란히 빼앗겼다. 공짜로 시작한 카카오톡 가입자는 빠르게 증가했다. 서비스가 시작되고 379일 만인 2011년 4월 1일, 가입자 1천만 명을 돌파했다. 그러나 카카오는 가입자가 늘어날수록 큰 고민에 빠졌다. 바로 증가하는 서버 유지비용 때문이었다. 가입자 수가 늘어날수록 서버 유지비용도 증가했는데, 이 비용을 감당하기 어려웠다. 마땅한 수익모델이 없었기 때문이다. 가입자가 1천만 명을 넘어섰지만, 카카오는 50억 원의 손실을 기록했다.

이 무렵 카카오는 변신을 시도한다. 1천만 명 가입자를 바탕으로 양면시장 플랫폼 기업이 되겠다는 전략이었다. 카카오가 처음 도전한 수익사업은 2010년 12월 제휴업체 15곳으로 시작한 '선물하기'다. 지금 선물하기는 6천여 곳이 입점해 있는 엄청난 규모의 시장이 되었지만, 출범 초기에는 별다른 재미를 보지 못했다. 카카오톡 가입자 수가 3천만 명을 돌파한 2011년 11월에도 선물하기에 참여한 상품 공급업체 수는 여전히 50여 개에 불과했다. 그동안 카카오톡의 적자는 계속 불어났다. 2011년에 당기순손실은 152억 원을 기록했다. 이는 사용자들이 카카오톡의 양면시장 서비스에 익숙하지 않았기 때문이다. 그때까지만 해도 카카오톡은 사용자들에게 그저 메신저 앱이었을 뿐이다. 사람들은 카카오톡으로 선물을 주고받거나 물건을 구입하는 데 익숙하지 않았다. 이에 카카오는 교차 보조 도구

| 표1-6 | 카카오톡의 성장과정: 천만 명 단위까지의 도달기간[7]

시기		사용자 수(만 명)	가입자 도달까지의 소요 기간(일)
2011년	4월 1일	1,000	379
	7월 26일	2,000	119
	11월 15일	3,000	111
2012년	3월 12일	4,000	118
	6월 8일	5,000	88
	9월 13일	6,000	97
	12월 23일	7,000	101
2013년	2월 27일	8,000	66
	5월 27일	9,000	89
	7월 3일	10,000	38

를 적극적으로 활용하기 시작했다. 카카오가 주로 사용했던 방법은 공짜 미끼였다. 카카오톡은 사용자들에게 무료 이모티콘, 무료 게임 아이템, 할인 쿠폰과 같은 공짜 미끼를 대거 배포했다.

결국 카카오톡의 공짜 미끼 전략은 먹혀들었다. 가입자들은 서서히 카카오톡을 통해 선물을 하거나 이모티콘을 구입하는 데에 익숙해졌다. 그러자 시장의 반대편인 돈을 내는 쪽에 이모티콘 공급자, 선물하기 공급자, 상품 판매자들이 모이기 시작했고, 카카오는 결국 1억 명 가입자를 달성한 흑자 기업으로 전환했다. 그리고 돈을 내는 쪽의 성장은 거꾸로 카카오톡 가입자(혜택을 보는 쪽)를 더욱 끌어들이는 효과를 가져왔다. 카카오톡이 가입자 3천만 명을 달성하는 데에 약 609일이 걸렸지만, 1억 명을 달성하는 데에는 597일밖에 걸리지 않았다. 단면시장 플랫폼에서 출발한 카카오는 완전한 양면시장 플랫폼이 된 것이다.

현재 카카오톡은 한국인이 가장 많이 사용하는 앱이다. 2020년 11월 기준, 한국인이 카카오톡을 사용한 횟수는 970억 회로 2위인 네이버 215억 회의 4배가 넘는다. 카카오톡의 수익모델도 완전히 자리를 잡았다. 지금은 카카오톡이 대화창 맨 윗줄에 대형 광고를 걸고 있는데, 이에 대해 아무도 불평할 수 없을 정도로 카카오의 힘은 커졌다. 분기마다 매출이 오르면서 급기야 2020년 연간 매출 4조 원을 돌파했다. 교차 보조 도구와 교차 네트워크 외부성의 힘 덕분이다.

| 표1-7 | 카카오톡, 단면시장 플랫폼에서 양면시장 플랫폼으로

날짜		카카오톡의 성장과정
2010년	3월	카카오톡 아이폰용 출시
	8월	카카오톡 안드로이드 버전 출시
	9월	가입자 100만 명 돌파
2011년	4월	가입자 1,000만 명 돌파
	11월	이모티콘 도입
	12월	하루 전송 메시지 10억 건 돌파
2012년	6월	'보이스톡' 도입
	7월	하루 전송 메시지 30억 건 돌파
2013년	7월	가입자 1억 명 돌파
2014년	9월	카카오페이 출시
2015년	6월	페이스톡 도입, #검색, 채널탭 개설
2017년	3월	'주문하기' 도입
2019년	5월	대화목록 광고 '톡보드' 시범 도입

카카오톡의 사례에서도 알 수 있듯이, 양면시장 이론은 플랫폼 기업의 성장 과정을 잘 설명한다. 카카오톡이 많은 회원 수에도 불구하고 왜 오랫동안 적자였는지, 그리고 왜 카카오가 양면시장 플랫폼으로 전환하려 노력했는지, 흑자 기업으로 전환하기 위한 경영 전략은 무엇이었는지도 잘 보여 준다. 카카오톡의 성장 과정에는 회원이 다른 회원을 끌어들이는 교차 네트워크 외부성, 공짜 미끼 등의 양면시장 이론이 모두 녹아들어 있다.

플랫폼 기업의 성장 과정은 전통적인 경제이론이 아닌 새로운 관점에서 봐야 명확히 이해할 수 있다.

자본주의 질서를 위협하는
네트워크 경제

일상이 된 독점, 우리는 카카오톡 하나면 충분하다

양면시장 이론은 네트워크 경제를 이해하는 강력한 프레임을 제공한다. 공짜 서비스가 당연한 현상이 될 수도 있으며, 일부 기업의 독점도 자연스러운 현상이 된다. 네트워크 경제는 기존의 자본주의 경제 질서와 완전히 다른 모습으로 작동할 때가 많다. 과거의 권력을 빼앗아 새로운 자에게 나누어 주기도 하고, 과거에는 경제의 핵심 세력이었던 파이프라인 기업(Pipeline industry, 전통적 기업을 플랫폼 기업과 대비하여 일컫는 말)과 정부를 무력화시키기도 한다.

이처럼 새로이 등장한 네트워크 경제는 전통적인 자본주의 체제와 부딪히는 경우가 생기는데, 무엇보다 네트워크 경제에서는 독점이 일반화되는 문제가 발생한다는 것이다.

우리는 메신저 앱으로는 카카오톡 하나면 충분하다. 굳이 라인 Line, 텔레그램Telegram, 위챗WeChat 등 여러가지 메신저 앱이 필요하지 않다. 오히려 다양한 선택지는 우리를 더욱 불편하게 만들 뿐이다. 경제 전체적 관점에서도 카카오톡 하나만 존재할 때가 바람직하다. 카카오톡이 가장 저렴한 비용으로 가장 높은 품질의 서비스를 제공하기 때문이다. 이는 결국 네트워크 경제에서 소비자들이 카카오톡, 유튜브, 구글과 같이 1위 기업의 시장 독점을 환영하는 현상을 발생시킨다.

반대로 자본주의에서는 '경쟁'이 일반적인 모습이었다. 과거 자본주의 시대에는 기업이 성장할 수 있는 규모에는 한계가 있었기 때문이다. 기업이 일정 규모 이상으로 커지면 관리비용도 덩달아 커지기 때문에 기업이 무한정 성장하기가 어려웠다. 그래서 보통은 산업별로 상위 3~4개의 업체가 형성되고 나머지 시장을 군소업체들이 장악하게 된다. 전자제품 시장에서 상위 두 회사는 삼성전자와 LG전자이며, 조선업에서는 현대, 대우, 삼성과 같은 식이다. 기업 간 경쟁을 통해 가격은 저렴해지고 소비자가 누리는 선택의 폭은 넓어졌다.

그러나 카카오톡 시장과 같은 네트워크 경제에서 소비자는 더 넓은 선택지를 바라지도 않으며, 경쟁을 통해 떨어뜨릴 가격조차 존재하지 않는다.

자연스럽게 승자독식의 경제가 형성되며, 독점기업은 2위기업과의 격차를 크게 벌여놓는 경우가 빈번해지는 것이다.

시장과 가격이 사라진다

독점이 일반화된다는 것은 시장의 역할이 사라진다는 것을 뜻한다. 자본주의 경제에서 시장이 수행하는 가장 큰 역할은 가격 결정이었다. 가격이 결정되면 그 가격에 따라 수요자와 공급자는 제품을 소비하고 생산한다. 가격이 비싸면 소비자는 소비를 줄였고, 가격이 싸면 소비자는 소비를 늘렸다. 시장가격이 일종의 신호가 되어 소비자와 생산자의 의사결정에 영향을 미쳤다.

그러나 네트워크 경제에서 가격은 시장에서 결정되지 않는다. 양면시장 이론에서 본 바와 같이 플랫폼 경제에서는 교차 보조가 일반화되어 소비자들이 공짜로 양질의 서비스를 이용하게 되는 경우가 발생한다. 기업의 생산비용도 0에 가까워진다. 카카오톡, 윈도우 OS 등의 생산비용도 0에 가깝다. 이 제품들은 초기 개발비용이 클 뿐, 추가 생산비용이 들지 않는 특성이 있다. 따라서 네트워크 경제에서 상품의 가격은 기업 전략에 따라 결정될 가능성이 크다. 그리고 기업의 독점력이 강할수록 가격은 더 높게 책정된다. 한마디로 가격은 더 이상 수요자와 공급자의 의사를 바탕으로 한 시장에서 결정되지 않는다.

양면시장 이론은 플랫폼 서비스의 이용료가 공짜인 이유를 설명한다. 소비자들이 카카오에 아무런 비용을 내지 않는 것은 광고주들이 카카오의 운영비용을 지불하고 있기 때문이다. 그러나 조금 다른 시각에서 살펴보면 우리도 카카오에 일종의 비용을 지불하고 있다. 바로 광고 노출이라는 비금전적 비용이다. 카카오톡은 대화목록 위에 광고를 띄우는데 사용자들은 그 광고에 항상 노출된다. 광고에 노출되는 방식으로 우리는 카카오에 비용을 내고 있는 셈이다.

광고가 싫다고 해서 다른 메신저 프로그램을 선택할 수도 없다. 이미 카카오가 메신저 시장을 독점하고 있기 때문이다. 즉, 카카오는 우리가 지불하는 비용(광고 노출의 정도, 가격)을 마음대로 정할 수 있는 독점력을 지닌 셈이다. 지금과 같이 카카오톡이 메신저 시장을 독점하는 상황에서는 카카오가 광고를 2개, 3개 띄우거나 광고창의 크기를 더 크게 만들더라도 우리는 거부할 수 없다.

변화의 갈림길에 선 조직운영의 원리

2020년, SBS에서 인기리에 방영되었던 〈스토브 리그〉는 야구 드라마이지만, 그 주인공들은 야구선수들이 아니다. 이 드라마의 이야기를 이끌어 가는 사람들은 야구단에서 일하는 행정직원들이다. 연봉 협상, 트레이드, 전지훈련 일정 수립 등 구단의 운영을 담당하는 프런트 직원들이 마주하는 고민과 갈등이 주요 내용이다.

〈스토브 리그〉에서 일반인들의 고정관념과 매우 다르게 그려지는 인물이 있다. 바로 야구단의 감독이다. 일반인들은 프로 야구단의 감독이나 코치들은 리더십이 있고, 냉철하며, 무서운 호랑이와 같은 성격일 것이라 으레 짐작한다. 그러나 이 드라마에서는 야구 감독이나 코치들이 아주 유약하게 그려진다. 선수들의 존경을 받지 못하는 것은 기본이고, 선수 선발이나 연봉 협상에서도 목소리를 내지 못한다. 심지어 훈련 기간에도 선수들에게 감독이나 코치진의 말발이 먹히지 않는다. 이 드라마에서 감독이나 코치들은 신입 선수들이나 경기 일정을 관리하는 사람에 불과한 정도로 그려진다.

이러한 모습은 드라마에서만 존재하는 픽션이 아니다. 극적인 효과를 위해 과장하긴 했지만, 오늘날 야구 감독의 지위는 예전과 같지 못한 것이 사실이다. 미국의 경우 1970년대만 하더라도 감독은 휘하에 있는 선수들의 밥줄을 좌지우지했다. 선수들도 감독의 권위를 인정했다. 감독은 자신의 비위에 거슬리는 선수를 벤치에 앉혀두거나, 마이너리그로 보낼 수도 있었다. 감독은 위대한 승부사였으며, 팀을 승리로 이끄는 전략가였다. 감독은 선수보다 더 많은 연봉을 받았다. 여기에서 감독의 권위는 살아났다.[8]

그러나 오늘날에는 선수들과 감독의 위치가 완전히 뒤바뀌었다. 팀 내의 대부분 스타 선수들은 감독보다 훨씬 높은 연봉을 받는다. 이들은 자신들이 팀 내에서의 역할이 감독보다 중요하다고 믿으며, 자신이 승패를 좌우하는 키플레이어라고 믿는다. 선수들은 자기 감독을 더는 보스로 여기지 않는다.[9] 물론 감독으로서 고유 권한인 훈련 일정과 게임을 운영하는 결정권은 존중하지만, 팀의 일원으로서 감독이 정해 둔 규율에 대해서는 심각하게 받아들이지 않는다. 특히 팀 내에서 확고한 위치를 다진 선수들은 더욱 규칙을 지키지 않으며 간섭하지 않고 혼자 내버려 두기를 바랄 것이다. 이 선수들에게 감

독을 받들어 모시라고 명하기는 어렵다.[10]

연예인이나 방송인들도 마찬가지다. 유재석이나 강호동과 같은 대스타는 방송에 대한 전권을 가지고 있는 프로듀서들도 함부로 대하기 어렵다. 이미 대중들에게 얼굴이 알려진 이들의 인기는 그 프로그램 흥행에 직접적인 영향을 미치기 때문이다. 슈퍼스타들은 프로듀서(기획) – 스태프(운영) – 배우(플레이어)라는 전통적인 역할 분담 구조를 뒤흔든다. 슈퍼스타들이 가장 높은 수입을 거두는 것은 물론이고, 프로듀서의 고유 권한이었던 인사권을 행사하기도 한다. 동반 출연자로 자신의 지인을 지목할 수도 있고, 프로그램의 기획 방향에도 영향력을 미친다. 과거와 같이 프로듀서의 일사불란한 지휘에 따라 움직이던 전통적인 조직의 작동원리가 변화하고 있는 것이다.

왜 조직 내에서 전통적 역학관계는 변화를 맞고 있을까? 이는 미디어와 네트워크의 영향력 때문이다. 야구와 같은 스포츠에서는 각종 매스컴이 경기 현장을 밀착 취재하고, 텔레비전에서 경기 장면을 몇 번씩 되풀이하고 상세한 해설까지 덧붙이다 보니 오늘날 야구팬들은 야구 감독을 위대한 승부사라고 생각하지 않는다. 그 대신 대중들은 얼굴을 알린 현역선수들, 연예인들, 예술가들에게 더욱 열광한다. 미디어와 네트워크는 사람들이 감독의 고유 역할인 경기 전략, 트레이닝 방법, 용병술, 내규 규정에는 관심을 덜 두게 하고, 오로지 현역선수들의 화려한 플레이에 집중하게 한다. 감독들은 과거처럼 특정 선수가 밉다는 이유로 벤치에 앉혀 둘 수도 없게 되었다. 그럴 경우 야구팬들과 시청자들은 바로 슈퍼스타를 기용하지 않는 감독을 비방할 것이다. 경기가 잘못되기라도 하면 그 책임을 온전히 지는 사람은 감독이기 때문이다.

이는 비단 스포츠계나 연예계의 슈퍼스타들에게만 해당하는 이야기가 아니다. 보통의 기업들이 이어온 전통적인 위계질서도 흔들리고 있다. 오늘날 기업 관리자들은 분명 과거보다 부하직원의 눈치를 볼 수밖에 없다. 언젠가부터 직장의 사소한 이야기를 익명으로 이야기를 나눌 수 있는 게시판들이 생겼기 때문이다. 회사 내에서도 익명 게시판이 존재하지만, 회사에 대한 익명 뒷말을 공식적으로 지원하는 '블라인드'라는 앱도 등장했다. 대한민국의 대부분 직장인은 블라인드에서 회사에 대한 불평불만을 가감 없이 쏟아내고 있다. 이러한 상황에서는 기업의 관리자들도 직원들의 목소리에 귀를 기울일 수밖에 없다. 어떤 부장이 부당한 지시를 했거나, 술자리에서 부적절한 언행을 했다면 블라인드에 바로 고발될지도 모른다. 그래서 대부분의 대기업은 직원들의 민심을 살피기 위해 블라인드 게시판을 공식적으로 매일 모니터링하고 있다.

시대의 변화를 감지하지 못하고 실수를 한 관리자들은 즉각적인 응징을 받는다. 대표적인 예로 대한항공이 있다. 대한항공의 모 전무는 '물컵 갑질'이나 '땅콩 회항'이라 불리는 불미스러운 사건에 연루되었고, 이는 대한항공 직원들의 규탄 시위까지 불러일으켰다. 물컵 갑질과 같은 사건은 예전이었다면 아무런 반향 없이 묻혀버릴 사건이었을 테지만, 네트워크는 조직의 갑질을 가만히 두지 않는다. 네트워크는 의지만 있다면 조직의 어두운 모습을 그대로 까발려버린다.

이는 네트워크가 가져온 권력 이동의 단면을 보여 주는 사례들이다. 조직이 부여한 권력은 이전 같지 않으며, 이제는 네트워크 스스로가 권력을 만들고 있다. 과거에는 공식적인 위계질서가 권력을 부여했다면, 이제는 더 많은 연결을 가진 사람들이 더 많은 권력을 지니게 되었다.

현실로 다가온 노동의 종말

인간이 지닌 노동력은 육체 능력과 지적 능력으로 구분된다. 인간의 육체 능력은 이미 대체된 지 오래다. 공산품을 조립하고, 나사를 조이는 단순 반복적 노동이 로봇으로 대체되는 현상은 이미 100년 전 컨베이어벨트에서부터 나타났다. 컨베이어벨트 시스템은 오늘날 더욱 고도화되었으며, 대부분의 공산품은 자동화된 생산라인에서 만들어지고 있다. 인간의 판단력이 필요한 고도의 육체 능력도 기계로 대체되고 있다. 비행기 운항과 자동차 운전은 인간의 판단력을 수반하는 고도의 육체 노동이다. 그러나 비행기 운항은 기계에 의해 대체된 지 오래이며, 자동차 운전도 점차 자율주행이라는 인공지능으로 대체되는 추세다.

노동력을 배치, 평가하는 경영관리는 오랫동안 인간 고유의 업무라고 여겨졌다. 경영관리는 인간의 사고력과 판단력 그리고 때로는 감정 소모도 필요로 하기 때문이다. 그러나 네트워크 기술은 경영관리 분야에서도 인간을 대체해 나가고 있다.

카카오 택시나 미국의 승용차 공유서비스인 우버^{Uber}가 대표적 사례다. 예전에는 콜센터 직원이 택시 요청을 받은 후 고객의 위치를 확인하고 차량을 배차했지만, 이제는 네트워크에 의해 배차된다. 플랫폼이 노동을 관리하는 것이다. 이 플랫폼은 노동자를 평가하기도 한다. 플랫폼의 지시에 따라 고객들은 별점을 통해 누가 친절한 서비스를 제공했는지를 평가한다. 우버의 택시기사들은 플랫폼을 상관으로 모시고 있는 셈이다.

인공지능이 이미 사외이사를 맡은 기업도 있다. 2014년 홍콩의 Deep Knowledge Ventures라는 재생의학 전문 벤처기업은 '바이탈^{Vital}'이라는 인공지능을 사외이사로 지명하여 이사회를 운영하고 있다. 미국의 클라우드 컴퓨팅 기업인 세일즈포스^{Salesforce}는 아인슈타인이라 불리는 인공지능이 매주 임원 회의에 참석한다. 인공지능 이사는 인간에 비해 많은 강점이 있다. 안건을 이해하는 속도 측면에서는 인간과 비교가 되지 않으며, 파벌이나 나이, 국적, 감정 기복의 문제가 없다.

심지어 인공지능은 글쓰기, 그림 그리기, 음악 작곡과 같은 고도의 지적 행위도 가능해졌다. 이미 인공지능은 초보적인 글쓰기를 하고 있으며, 우리는 인공지능이 작성한 글을 매일 읽고 있다. 연합뉴스에서는 인공지능이 매일 3번 날씨 기사를 작성하고 있고, 이 기사들은 인터넷에 게재된다.[11] 물론 지금은 단조로운 문장밖에 구사하지 못하지만, 앞으로는 인공지능이 학습을 통해 사람만큼 다채로운 문장을 구사하게 될 것이다. 인공지능의 글쓰기 실력은 계속 발전 중이다. 최근에는 인공지능이 신문기사와 논문을 요약하는 서비스도 등장했다.[12]

인공지능은 음악을 작곡하기도 한다. 2004년 개봉한 영화 〈아이로봇i-Robot〉에서 주인공 윌 스미스는 로봇에게 "너는 작곡도 할 수 있냐?"라고 묻는다. 로봇은 "사람인 너도 못 하잖아."라고 대답한다. 영화가 만들어진 2004년에만 해도 인공지능이 음악을 작곡하는 것은 상상하기 어려웠음을 보여 준다. 그러나 불가능할 것으로 여겨지던 바둑에서 알파고가 인간을 정복했듯, 불가능하리라 여겨졌던 음악 작곡에서도 인공지능은 급속도로 발전하고 있다.

예일대의 쿨리타Kulitta, 영국의 에이바AIVA, 광주과학기술원GIST의 뮤지아Musia는 대표적인 인공지능 작곡가들이다. 관심이 있다면 이들의 음악을 유튜브에서 검색하여 들어보라. 분명 인공지능 작곡은 향후 음악계의 패러다임을 완전히 바꾸어 놓을 정도로 빠르게 성장하고 있다. 마치 카메라가 등장한 이후 미술의 주된 사조가 사물의 정확한 재현representation에서 인상의 표현expression, 사물의 재구성reorganization으로 바뀐 것과 마찬가지로 인공지능은 음악의 판도를 바꾸어 놓을 것이다. 카메라의 등장이 우리가 현대미술이라 부르는 인상주의, 입체주의, 초현실주의 사조의 탄생에 커다란 영향을 미쳤듯이, 인공지능 작곡가의 등장도 향후 음악계에 새로운 조류를 가져오리라 예상한다.

사람들이 일해야 할 필요성도 점차 줄어들고 있다. 네트워크 기술은 상품에 대한 수요를 줄이기 때문이다. 쏘카, 에어비앤비와 같은 공유경제의 확산은 우리의 상품 수요를 줄여가고 있다. 공유경제가 활성화되면 모든 사람이 자동차를 소유할 필요가 없어진다. 언제든 잠시 빌려 사용할 수 있기 때문이다. 에너지 수요도 줄어들 것이다. 사물인터넷^{IoT}과 스마트그리드$^{Smart\ Grid}$ 기술은 전기 사용을 최소화하여 불필요한 에너지 낭비를 차단한다. 또한 자동차 등 내연기관의 에너지 효율도 점점 높아졌다. 이 모든 변화의 방향은 상품생산을 줄이고, 우리가 일할 필요성을 사라지게 만들고 있다.

네트워크 경제는 '더 많은 노동시간 = 더 많은 소득'이라는 공식도 붕괴시킨다. 노동과 소득 간의 비례 관계가 사라지는 것이다. 전통적 경제에서는 열심히 일하는 사람이 돈을 많이 버는 구조였다. 그러나 네트워크 경제에서는 놀면서도 돈을 벌 수 있다. 유명 연예인들과 유튜브 크리에이터, 스포츠 스타들, 인기 학원 강사의 수입이 일반 노동자보다 매우 높은 것이 이를 증명한다. 이들은 노동을 통해 돈을 벌지 않는다. 이들은 최소한의 노동력만 투입할 뿐 소득은

TV, 인터넷 등의 네트워크가 스스로 창출한다.

일자리를 빼앗길 운명에 처한 중개기관들

1. 블록체인, 은행에 도전하다

우리가 세상을 살아가다 보면, 자기 일을 누군가에게 맡겨야 할 때가 있다. 사실 중요한 업무일수록 남에게 맡겨야 하는 경우가 많다. 회계사, 세무사, 변호사 등의 전문직이 존재하는 이유다. 이들은 나를 대리해 세무서와 나의 이해관계를 조율한다. 부동산 구매도 중개인이 필요하다. 부동산 중개인은 좋은 매물을 쉽게 찾아줄 뿐만 아니라, 매수자·매도자 모두에게 공정한 거래를 성사시킨다.

송금이나 결제도 중개인이 필요하다.[13] 이 분야에서 중개인은 은행이다. 만약 은행이라는 공정한 중개인이 없다면 송금 서비스는 이루어지기 어렵다. 은행이 없다면 내가 직접 상대방을 찾아가 현금을 전달하거나, 우체국 택배를 통해 현금을 전달해야 할 것이다. 그러나 이는 매우 번거로울 뿐만 아니라 분실의 위험도 따른다.

은행은 '기록'을 만들어 송금 문제를 간단히 해결했다. 내가 현금을 보냈다는 기록을 만들고, 상대방은 현금을 받았다는 기록을 만드는 것이다. A계좌에서 B계좌로 송금하더라도 실제 현금은 오가지 않고 은행 금고에 그대로 있다. A와 B 두 사람의 은행 잔고 기록만 바뀌는 것이다. 즉, 은행이라는 중개인이 장부를 신뢰성 있게 기록하면, 실제 현금을 주고받지 않고도 송금이 가능해진다.

블록체인은 은행이라는 중개기관의 자리를 위협하는 존재로 부상하고 있다. 블록체인 기술은 은행이 없더라도 송금 기록을 자동으로 만들어낼 수 있기 때문이다. 데이터와 기록을 관리하던 수많은 '중개인TTP: Trusted Third Party'들은 블록체인이라는 네트워크 기술에 일자리를 빼앗길 운명에 처하게 되었다.

| 표1-8 | 은행의 방식과 블록체인의 방식: 블록체인에는 중개인이 없다

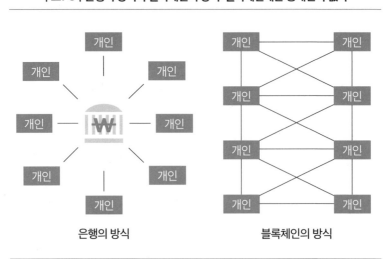

은행의 방식　　　　　블록체인의 방식

2. 블록체인은 어떤 원리로 작동되고 있을까

블록체인은 사람들의 거래기록을 10분 단위로 쪼개어 기록한다. 매 10분마다 일어난 거래를 정리하여 하나의 '장부ledger'에 정리하는 것이다. 10분 단위로 쪼개어져 정리된 이 장부를 '블록block'이라 부른다. 2008년에 등장한 최초의 블록체인 시스템인 '비트코인'의 경우, 약 10분마다 블록이 하나씩 생성되어 지금은 약 67만 개의 블록이 생성되어 있다. 이 블록들에는 2008년 이후 비트코인을 통한 거래내역이 모두 담겨 있다.

블록은 '채굴mining'을 통해 만들어진다. 채굴이란 지난 10분간의 거래내역을 정리한 블록을 만들어내는 일이다.[14] 10분간의 거래내역을 정리한 블록을 가장 먼저 만들어 낸 채굴자는 소액의 비트코인을 보상으로 받는다.[15] 이 보상이 있기 때문에 채굴자들은 블록을 만드는 작업에 자발적으로 참여하게 된다.[16]

채굴자의 임무는 단순히 거래내역만을 정리하는 데서 끝나지 않는다. 채굴자들은 만들어진 블록을 그 이전의 블록과 '연결chain'하는 작업까지 수행해야 한다. 비트코인이라는 보상은 블록을 만들었을 때가 아니라, 블록을 연결했을 때 주어지기 때문이다. 그런데 블록 연결 작업은 그리 간단치가 않다. 블록과 블록을 연결하기 위해서는 접착제가 필요하다.

블록체인 시스템에서 접착제의 역할을 하는 도구는 특정한 숫자다. 그러나 두 블록을 연결하는 유효한 숫자(접착제)는 매 블록마다 달라진다. 그래서 채굴자들은 매 10분마다 새롭게 만들어지는 블록을 연결시키기 위해 매번 새로운 숫자를 찾는 노력을 하고 있다. 블록과 블록을 연결하는 접착제(숫자)를 '논스nonce'라고 부른다[17].

| 표1-9 | 블록체인의 구조 : 10분간의 거래내역을 담고 있는 블록이 만들어지고, 연결된다.

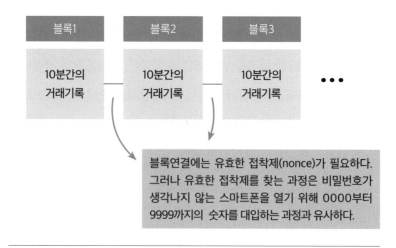

논스를 찾는 작업은 매우 귀찮게 만들어져 있다.[18] 이 작업은 우리가 잠겨 있는 스마트폰의 비밀번호를 찾아내는 과정과 동일하다. 비밀번호가 생각나지 않는 스마트폰을 열기 위해서는 0000부터 9999까지의 4자리 숫자를 일일이 넣어보는 수밖에 없다. 유효한 논스값을 찾는 과정도 마찬가지다. 일일이 숫자를 대입해 보며 두 블록이 연결되는지를 확인해 보아야 한다. 불행히도 이 작업에는 지름길이 없다. 오로지 모든 숫자(접착제)를 두 블록 사이에 적용해 보는 방법뿐이다. 만약, 어떤 채굴자가 유효한 '논스'를 발견하면 그제서야 그 블록은 앞 블록과 연결된다. 그리고 유효한 논스값을 가장 빨리 찾아낸 채굴자는 그 보상으로 비트코인을 받게 된다. 이러한 과정을 거쳐 사람들의 거래내역은 매 10분마다 하나의 블록에 정리된다.[19]

3. 블록체인의 채굴과정이 복잡하고 소모적인 이유

블록체인의 채굴과정은 매우 비생산적이다. 유효한 논스값을 가장 먼저 찾아내기 위해 수많은 컴퓨터가 엄청난 전기 에너지를 낭비하게 된다. 많은 사람에게 이러한 현상은 매우 모순적으로 보인다. 거래내역을 정리하는 것이 아니라, 블록을 연결하는 데에 막대한 에너지를 소모하고 있기 때문이다. 여기에 소모되는 전기에너지는 엄청난 수준이다. 비트코인 거래 한 번을 위해 컴퓨터가 만들어내는 이산화탄소는 300㎏이며, 이는 비자카드를 한 번 긁는 것보다 75만 배 많은 양이다.[20]

왜 블록체인 시스템은 블록을 연결하는 작업을 비생산적이고 낭비적인 '숫자 끼워 맞추기'로 만들었을까? 이에는 합리적 이유가 있다. 결론부터 말하면, 블록체인은 블록연결 작업을 통해 장부조작 여부를 발견한다. 숫자 끼워 맞추기 작업을 통해 가짜 거래기록을 밝혀내고, 진짜 거래 기록만 남게 된다.

이 검증과정은 다음의 간단한 사례를 통해 설명할 수 있다.

10명으로 구성된 비트코인 네트워크가 있다. 그런데 A라는 사람은 장부를 조작하겠다는 나쁜 의도를 가지고 '가짜블록'을 만들어냈다. 그러나 앞서 설명한 바와 같이, 이 블록을 만들어내는 것으로는 아무런 의미가 없다. A가 이 블록을 앞 블록과 연결시켜야만 유효한 블록이 된다. 그래서 A는 자신이 만든 가짜블록을 앞 블록과 연결하기 위한 작업을 할 것이다. 그러나 A가 유효한 접착제를 가장 먼저 찾아낼 확률은 1/10에 불과하다. A 이외의 나머지 9명은 '정확한 블록'을 앞 블록과 연결하는 작업을 하고 있기 때문이다. 나머지 9명이 A보다 먼저 유효한 논스값을 찾아낼 가능성은 9/10이다. A가 아무리 우수한 지능을 가지고 있더라도, 9명보다 논스값을 더 빨리 찾아내기는 어렵다. 논스값을 찾아내는 작업은 총명함이 필요한 작업이 아니라, 시간과 노동력을 투입해야 하는 단순무식한 작업이기 때문이다.

물론 A가 한두 번은 1/10의 확률로 우연히 가장 먼저 유효한 논스값을 찾아낼 가능성도 있다. 이때는 A가 만들어낸 가짜 블록이 앞 블록과 연결된다. 그러나 A가 만들어낸 가짜 블록체인의 행렬은 지속되지 못한다. A는 가짜 블록 뒤로 계속 새로운 블록을 연결해 나가야 하지만, 남들보다 반복해서 더 빨리 연결할 가능성은 점점 낮아지기 때문이다. A가 두 번을 연속해서 유효한 논스값을 가장 먼저 찾아낼 가능성은 1/100(= 1/10 x 1/10)이다. 즉, A가 유효한 논스값을 계속해서 찾아낼 가능성은 시간이 지날수록 0에 수렴할 수밖에 없다.

A가 처음에 가짜 블록을 만들어냈을 때에는 가짜 블록과 진짜 블록이 병존^{fork}하게 된다. 그러나 A가 만들어낸 가짜 블록체인과 나머지 9명이 만들어낸 진짜 블록체인이 병존하는 상황은 오래가지 못한다. A가 만들어낸 블록체인이 연결되는 시간은 나머지 9명에 비

해 항상 오래 걸릴 것이기 때문이다. 따라서 소수가 만들어낸 가짜 블록들은 다수가 만들고 있는 진짜 블록체인에 비해 항상 길이가 짧을 수밖에 없다. 즉, 블록체인 시스템에서는 필연적으로 길이가 짧은 블록체인이 가짜인 구조다. 이 식별의 과정을 통해 A가 만들어진 가짜 블록체인은 버려지는 것이다.[21]

A가 만들어낸 가짜 블록이 버려지는 과정은 블록체인이 어떻게 참과 거짓을 구분하는지를 말해 준다. 일시적으로는 참^{True}과 거짓^{False}이 병존할 수 있지만, 블록체인에서는 결국 다수가 믿고 있는 기록이 '참'이 된다. 이것이 블록 간의 연결 작업을 단순한 숫자 끼워 맞추기로 만들어 둔 이유다. 다수가 작업하고 있는 블록의 행렬이 무엇인지를 가려내는 과정인 것이다. 즉, 블록체인은 '계산 효율성'을 포기한 대신, '신뢰'를 택했다.[22]

4. 블록체인의 잠재적 활용 가능성

블록체인은 데이터 보관의 측면에서는 비효율적이다. 수많은 기록 보관소를 두고, 동일한 기록을 분산 저장하기 때문이다. 기록 속도도 매우 느리다. 비자나 마스터카드 같은 중앙결제방식은 초당 3,200건의 거래를 처리할 수 있으나, 비트코인은 초당 4건의 거래밖에 처리하지 못한다.[23] 그만큼 느리고, 많은 저장 공간을 요구하는 비효율적 메커니즘이다.

그러나 비트코인이 성공할 수 있었던 비결은 기술적으로 완벽해서가 아니라, 사람들의 '신뢰'를 만들어내고 있기 때문이다.[24] 기술적으로는 복잡하더라도 신뢰를 강제하는 기술에 사람들이 열광하고 있는 것이다. 블록체인은 일종의 '신뢰기계the Trust Machine'다.[25] 블록체인 시스템에서는 거짓말을 하면 항상 손해를 보게 되어 있다. 이는 미래가 예측 가능해진다는 뜻이기도 하다. 블록체인은 신뢰를 만들어내는 도구이며, 불확실성을 확실성으로 대체하는 기계다.

블록체인은 단순 반복적인 거래가 많이 일어나는 곳에서 진가를 발휘할 것이다. 거래구조가 복잡하면 블록체인이 주석을 달고 추적을 하는 과정이 매우 번거로워지기 때문이다.[26] 따라서 농업, 물류, 수송 등 단순 반복적이지만 거래량이 많은 '공급망supply chain' 관리 분야에서 유용하게 활용될 가능성이 높다. 수정이 불가능하다는 블록체인의 특징은 농산물 원산지 관리, 식품의 안전성 증명, 공중보

| 표1-10 | 블록체인이 부정한 거래기록을 구분하는 방법>

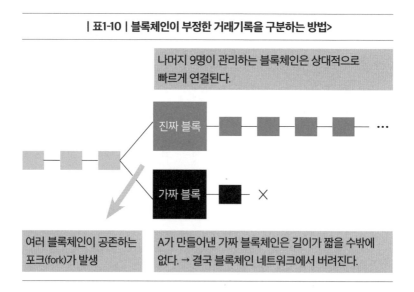

64

건 영역에서 중요한 가치를 가질 것이다.

| 표1-11 | 블록체인의 잠재적 활용 가능성 : 공급망관리 등[27]

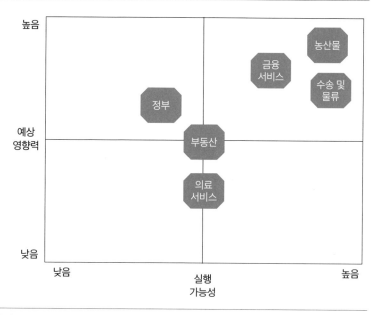

출처:프레스티지 이코노믹스, 퓨처리스트 인스티튜트

블록체인은 '사회적 확장성'을 바탕으로 끊임없이 진화해 나갈 것이다. 중개기관을 대체할 수 있다는 뚜렷한 장점 때문이다. 스마트 계약[28], 하이퍼레저 패브릭[29] 등은 블록체인이 그 활용성을 점차 넓혀가고 있음을 보여준다.[30] 언젠가 블록체인은 애플리케이션을 넘어 오늘날의 윈도우 OS와 같이 모든 컴퓨터에 깔려 있는 기본 인프라 기술이 될지도 모른다. 블록체인이 플랫폼이 되는 '서비스로서의 블록체인BaaS: Blockchain-as-a-Service'이다.[31]

모든 것을 공유하는 공유경제

공유경제 시장도 갈수록 규모가 커지고 있다. 우리는 모바일 기기를 통해 24시간 네트워크와 연결되어 있다. 네트워크는 어디에 유휴 자원이 있는지를 실시간으로 알려준다. 상품에 대한 공유는 보편화되었다. 자동차(쏘카), 킥보드(스윙) 등은 상품을 공유하는 대표적 사례다.

여기서 더 나아가, 인간의 노동력도 공유된다. 미국에서는 누구나 등록만 하면 우버의 택시기사로 활동할 수 있고, 우리나라에서도 배달의 민족, 쿠팡이츠와 같은 앱의 배달원으로 활동할 수 있다. 공유경제를 기반으로 파트타임 잡(아르바이트)이 일상화되는 것이다. 알바의 일종인 비정규직 프리랜서 노동이 확산하는 현상을 '긱 이코노미gig-economy'라고 일컫는다. 앞으로는 정규직 없이도 생계를 유지하는 데에 문제가 없는 세상이 올지도 모른다.

공간을 공유하는 서비스도 일반화되어 가고 있다. 숙소를 공유하는 에어비앤비는 시가총액이 약 900억 달러에 육박한다. 글로벌 호텔 체인인 메리어트의 2배, 힐튼의 3배를 넘는 기업 가치다. 사무실을 공유하는 위워크의 기업 가치도 한때 470억 달러에 달했다. 한국에서는 주방 하나를 여러 사업자가 공유하는 공유 주방도 대중화되어가고 있다. 요기요, 배달의민족 등 음식배달 플랫폼 기업이 성장하면서 식당에는 더 이상 넓은 홀hall이 있을 필요가 없어졌다. 그러자 음식점들도 하나의 주방에서 다수 소비자의 수요에 부응하는 형태로 변화한 것이다. 하나의 미용실에서 여러 미용사가 영업하는 공유 미용실도 곧 등장할 예정이다.

무형의 서비스인 컴퓨팅 파워도 공유된다. 온라인 쇼핑회사인 아마존은 컴퓨팅 파워를 공유하는 대표적 기업이다. 아마존은 블랙프라이데이, 크리스마스와 같이 쇼핑 수요가 몰리는 시즌에 대비하여 대용량의 서버를 구축해 두었다. 사람들의 수요가 몰리더라도 원활히 인터넷 서비스를 제공하기 위함이다. 그러나 쇼핑 수요가 낮은 평상시에는 서버를 100퍼센트 가동하지 않고 IT 업체들에 대여하고 있다. 이 아마존웹서비스^{AWS}는 아마존에서 가장 큰 수익을 창출하는 사업부문이다.

이처럼 공유할 수 있는 재화와 서비스는 상품에서부터 노동력, 컴퓨팅 파워까지 무궁무진하다. 공유경제의 범위는 기술이 발전함에 따라 점차 확장되고 있다. 미래에는 인공지능 서비스, 의사결정 지원 서비스도 공유될 것이며, 사랑과 우정이라는 감정도 공유되는 서비스가 나올지도 모른다.

우리가 자발적으로 콘텐츠와 데이터를 업로드하는 것이 궁극적으로 네트워크 기업의 부를 창출하는 행위가 된다. 사용자들이 많고, 더 많은 데이터가 축적될수록 그 네트워크의 가치가 커지기 때문이다. 즉, 온라인 세계에서 나의 소비행위는 순수한 취미나 단순한 소비가 아니다. 이는 소비행위인 동시에 네트워크라는 참여 농장에서 일하는 생산 행위이기도 하다.

PART 2

PLATFORM ECONOMY AND

네트워크가
경제 권력을
재편하다

SUCH THING AS A FREE LUNCH

경제 권력이
세상을 지배하다

데이터 처리 속도가 권력

정치는 데이터를 처리하는 시스템과 같다.[1] 우리 사회가 직면한 문제에 대한 데이터를 수집하고, 그 데이터를 처리하여 공공의 해결책을 내놓는 것이 정치다. 데이터를 가장 빠르고 정확하게 처리하는 자는 권력을 획득한다. 대중들의 문제의식에 공감하고 적합한 정책을 제시하는 사람은 더 많은 대중의 지지를 받는다. 정치 경쟁을 정보 처리의 관점에서 보면, 누가 데이터를 더욱 빠르게 수집하고 정확하게 처리하는지를 둘러싼 싸움이다.

지난 수십 년간 민주주의가 독재보다 우수했던 것도 민주주의가 독재보다 데이터를 더욱 적절하게 수집하고 처리했기 때문이다. 중앙집권적 데이터 처리 시스템인 독재는 폐쇄적으로 정보를 수집하고 의사결정을 한다. 이로 인해 독재는 빠르게 데이터를 처리한다는 장점은 있지만, 틀린 결론을 내릴 확률도 높은 시스템이다.

반대로 민주주의는 분산형 처리 시스템이다. 처리 속도는 느리지만 데이터 처리 과정에 다수가 참여하여 검증한다. 민주주의는 참여와 토론을 통해 국민의 의견을 반영하고, 틀릴 확률을 획기적으로 낮춘 시스템이다. 컴퓨터공학에서 "보는 눈이 많으면 프로그램의 오류를 쉽게 찾아낼 수 있다."라는 '리누스의 법칙Linus' Law'을 정치체제로 구현한 것이 바로 민주주의다.

물론 항상 민주주의가 우수했던 것은 아니다. 오히려 산업화 초기 단계에는 독재라는 중앙집권식 데이터 처리 방식이 효과적이기도 했다. 이는 동아시아 국가들의 산업화 과정에서도 잘 드러난다. 한국, 대만, 싱가포르는 권위주의적 독재 기간을 거치면서 고도성장을 경험했다.[2] 환경 변화의 속도가 느리고, 대규모 자본을 동원해 기간산업을 육성할 필요가 있는 경제 개발 초기에는 국가가 자원을 독점하는 방식도 효과적이었다. 그러나 중앙집권형 방식이 언제까지나 옳을 수만은 없었다. 환경 변화의 속도가 빨라지자, 중앙집권식 데이터 처리 방식은 민주주의에 자리를 내어 주었다.

그러나 민주주의도 한계가 있기는 마찬가지다. 사회가 고도화되고, 다양한 사람들의 목소리가 커지자 민주주의적 처리 방식도 서서히 그 약점이 드러났다. 특히, 민주주의는 느리고 복잡한 데이터 처리 과정이 문제가 되었다. 공공 의사결정에 주민들이 참여하다 보니, 의사결정 과정이 복잡해졌다. 모든 정보는 투명하게 공개되었고, 지역주민들은 저마다 자기가 사는 동네에 공원, 학교 등 수익성 있는 시설을 유치하려 들었다. 반대로 혐오 시설에는 결사반대하기 시작했다. 시스템이 투명해지고, 사람들의 이해관계가 첨예해지면서 민주주의라는 참여형 데이터 처리 방식은 느린 속도라는 문제에 봉착한 것이다.

과거에는 민주주의의 느린 속도가 크게 문제 되지 않았다. 데이터 처리 속도가 다소 느리더라도 도로, 철도, 에너지, 기간산업 등 국가에 필요한 대형 인프라를 건설할 수 있는 주체는 정부가 유일했기 때문이다. 그러나 점차 민간경제의 규모와 역량이 정부 못지않게 성장하자, 이러한 초대형 인프라 사업들은 더 이상 정부만 수행할 수 있는 영역이 아니게 되었다. 게다가 민간기업들은 정부보다 매우 신

| 표2-1 | 데이터 처리 과정 비교: 민주주의 체제 vs. 민간기업

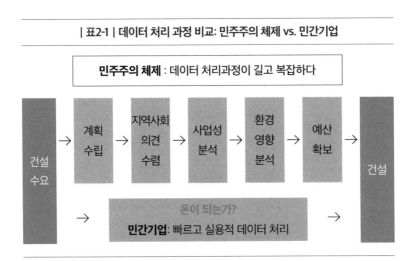

속하다. 민간기업들은 '돈이 되는가?'라는 단순한 기준으로 모든 문제를 처리한다. 그래서 이들은 공공 의사결정과 달리 매우 실용적이고 빠른 문제해결을 보여 준다.

공공서비스는 이제 더 이상 정부만의 영역이 아니다. 우리가 자주 이용하는 지하철 9호선, 인천대교, 신분당선은 민간기업에 의해 건설된 대표적 인프라다. 정부가 민간과 협력하는 민관협력 파트너십(PPP, Public-Private Partnership)이라는 방법으로 건설된 것이다. 민간기업은 돈을 내고 도로나 지하철을 건설하지만, 그 대가로 이 사업의 수익도 가져간다. 정부로서는 도로나 지하철 건설에 필요한 예산을 절감할 수 있으니 환영한다. 물론 정부도 이렇게 건설된 도로나 지하철이 지나치게 비싼 요금으로 운영되지 않도록 관리할 의무는 있다.

이처럼 민간기업은 실용성과 속도를 앞세워 공공 부문을 조금씩 대체해 왔다. 민간기업이 공공서비스 공급자로 등장한 것이다. 특히, 1980년대 이후 민간기업이 공공 부문보다 역량이나 관리 측면에서 우수하다는 신자유주의 이념은 민간에게 권한을 넘기는 이론적 근거를 제공했다.

민간이 공공 부문을 대체해 온 방법은 크게 3가지다. 첫 번째는 위와 같이 정부와 역할을 분담해 협력관계를 맺는 것이다. 두 번째는 정부가 수행하던 업무를 민간에 위탁^{Outsourcing}하는 것이다. 세월호

사태를 통해 알려졌듯이, 해양수산부는 선박 검사와 승객 안전 업무를 오랫동안 민간단체에 위탁해서 처리해 왔다. 이뿐만 아니라, 금융위원회는 감독 업무를 금융감독원에 위탁하고 있으며, 과학기술부는 5G 무선국 검사 업무를, 환경부는 대기 측정 업무를 민간업체에 위탁하고 있다.

세 번째는 국가의 기능을 영구적으로 민간에 넘기는 민영화 Privatization 방법이다. 민간기업이 공공기관보다 돈의 논리에 충실하다는 이유다. 우리나라에서도 본래는 국가 소유의 기업이었으나, 민영화된 사례가 많다. 포스코, SK텔레콤, KT&G, 대한항공 등이 대표적인 민영화 사례다.

경제 권력이 지배하는 사회

경제 권력이 정치 권력을 압도하는 현상은 1997년 외환위기 이후 두드러지기 시작했다. 이러한 현상을 '기업사회'라고 하는데[3] 경제 권력이 지배하는 사회를 일컫는다. 기업이 사회의 하나의 구성원으로 활동하는 것이 아니라, 기업이 사회를 지배하는 것이다. 기업사회에서는 기업의 이윤 추구가 사회의 철학이 된다. 그리고 역량 있는 기업이 하나의 조직이 아니라 모든 조직의 이상형이 된다.

기업은 때때로 정부에게도 갑[甲]이 된다. 특히, 일자리 창출과 관련해서는 더욱 그렇다. 일자리는 그 정권의 성과와 직결되기 때문이다. 박근혜 전 대통령은 2013년 "투자하는 분들은 업고 다녀야 한다."라고 발언하기도 했다. 당시 현오석 전 경제부총리는 이 지시를 몸소 실천했다. 현 부총리는 열병합발전소 건설에 9,600억 원을 투자하기로 한, 기업체 사장을 실제로 등에 업는 퍼포먼스를 보여 주기도 했다. 물론 보여 주기식 퍼포먼스에 불과했지만, 이처럼 정부도 기업인들에게 몸을 낮추고 협조를 구해야 하는 일이 비일비재하다.

CEO를 향한 동경도 커졌다. 과거 우리의 롤모델은 세종대왕, 이순신 장군과 같은 위인들이었다. 그러나 어느 순간부터 우리가 존경하는 인물에는 유명 기업의 CEO가 올라 있다. 스티브 잡스, 빌 게이츠, 일론 머스크는 혁신의 아이콘이다. 잭 웰치, 정주영, 이건희는 리더십의 아이콘이다. '돈보다 정의를 생각하라見利思義'는 공자孔子의 철학보다 빚을 내 투자하는 '빚투', '영끌(영혼까지 끌어모으는)'처럼 일단 돈부터 벌자는 논리가 팽배해졌다.

언론과 대학도 대기업에 간접 고용된 것이나 다름없다. 우선, 언론사는 광고주인 대기업의 광고 발주에 의지한다. TV든, 라디오든, 신문이든 광고수익 없이는 생존할 수 없다. 콘텐츠 제작도 마찬가지다. 드라마에 등장하는 주인공들은 새로 출시된 스마트폰과 승용차를 의도적으로 보여 준다. 철저히 광고주의 이익을 위해 일해야 괜찮은 콘텐츠를 완성할 수 있다. 이런 의미에서 보면, 언론, PD, 작가들은 대기업에 간접 고용된 것이나 다름없다. 이들은 대기업의 눈치를 봐야 하며, 그들의 월급은 대기업의 돈에서 나온다고 볼 수 있다.

대학도 기업사회에 편입된 지 오래다. 취업률은 대학의 순위를 가르는 중요한 척도가 되었다. 학생들도 취업에 유리한 상경계, 이공계에 진학하기 위해 노력한다. 교수들도 학생들의 취업률을 높이는 것이 지상 최대의 과제다. 욕심이 있는 교수들은 대기업의 사외이사직을 얻기 위해 대기업 주위를 기웃거린다. 기업이 발주하는 연구용역을 수주하는 것도 필수적이다. 연구용역 수주는 그 교수의 탄탄한 네트워크를 보여 주는 훌륭한 증거이기 때문이다.

경제 권력이 세상을 지배하는 방법

경제 권력은 자본파업의 가능성을 통해 힘을 휘두른다. 노동자의 본래 역할이 상품을 생산하는 것이라면, 자본은 노동자가 일할 수 있는 장소를 제공하고, 노동자들을 조직화하는 역할을 담당한다. 즉, 투자하여 공장을 짓고 이윤을 내는 것이다. 그러나 만약 자본가들이 공장을 짓지 않는다면, 이를 '자본파업'이라 한다. 기업가들이 기존 생산설비를 해외로 이전하는 것도 일종의 자본파업이다.

기업들이 해외로 공장을 이전시키는 오프쇼어링offshoring은 자본파업의 전형이다. 우리 자본이 해외에 투자되는 금액을 뜻하는 해외직접투자는 전 세계적으로 보호무역주의 기조가 심해진 2018년 이후 눈에 띄게 상승했다. 2017년 기준 494억 달러에 불과하던 해외직접투자는 2018년 592억 달러, 2019년 844억 달러로 급상승하는 모습을 보이고 있다.

　이렇게 기업들이 국내보다는 해외 투자를 선호하는 현상의 원인을 '기업하기 어려운 경제환경'에서 찾기도 한다.

| 표2-2 | 연도별 해외직접투자 현황[4]

　특히 2019년 들어 대기업의 해외 투자는 두드러지고 있다. 2019년, LG전자와 롯데케미컬은 미국 테네시주와 루이지애나주에 생산 공장을 건설했다. SK 이노베이션 역시 조지아주에 배터리 공장을 짓고 있다. 대기업들의 이러한 투자는 미국으로부터 환영을 받았다. 롯데그룹 신동빈 회장은 미국에 사상 최대 규모인 31억 달러를 투자했다는 이유로 2019년 5월, 도널드 트럼프 전 대통령으로부터 백악관 초청을 받기도 했다.

　자본파업은 정부가 가장 두려워하는 상황이다. 가뜩이나 실업률 때문에 골치가 아픈데, 국내 일자리가 더 줄어들기 때문이다. 그래서 정부는 경제 권력의 눈치를 볼 수밖에 없다. 미국이 제조 기업을 유치하기 위한 아메리카 퍼스트America First 정책을 시행하는데, 우리나라만 기업가의 희생을 요구하는 정책을 시행하기는 어렵다. 정부도 일자리가 줄어드는 것을 원치 않으며, 결국에는 자본가와 공생관계를 유지하게 된다. 문재인 정부 들어 추진된 최저임금 인상, 주 52시간 노동 등의 정책 기조가 좀 더 과감하게 이루어지지 못한 이유이기도 하다.

자본파업은 일자리만 감소시키는 것이 아니다. 자본파업이 발생하면 양극화가 더욱 심해진다. 전통적 제조업의 일자리는 해외로 나가버리는 대신, 그 기업이 빠져나간 빈자리에는 바이오, 게임 등과 같은 신新산업 분야의 일자리가 생겨날 가능성이 크기 때문이다. 이는 고학력 노동자들의 일자리를 만들고, 저학력 노동자들의 일자리를 없애버리는 결과를 낳는다. 즉, 자본파업은 현 정부가 가장 두려워하는 일자리 감소와 소득 양극화라는 두 가지 문제를 동시에 가져온다.

한편, 경제 권력은 정치 권력, 언론과 네트워크를 형성하고, 법과 제도를 자기들에게 유리하게 만들기도 한다. 정치 권력을 설득하고, 언론을 통해 여론을 형성한다. 이러한 과정을 통해 법과 제도가 한번 만들어지면, 그 이후에는 좀처럼 바꾸기 어렵다. 사람들은 한번 적응한 제도를 바꾸는 것에 피로감을 느끼기 때문이다. 움직이던 물체는 계속 움직이려는 관성을 지니고 있듯이, 법과 제도도 사람들에게 적응되면 현상을 유지하려는 관성을 지닌다. 이를 제도의 '경로의존성path dependence'이라고 한다.

경제 권력에 유리한 제도가 형성되는 현상은 국제적으로도 마찬가지다. 세계 각국도 기업하기 좋은 환경을 만드는 데에 공감대가 형성되어 있기 때문이다. 여러 나라가 체결한 자유무역협정[FTA], 투자자-국가 분쟁해결제도[ISD] 등은 친기업적 제도가 국제적으로 형성된 예다. 자본의 논리로 국제적 법정을 만들어 민주국가를 심판하는 상황이 벌어지는 것이다.[5]

플랫폼 기업과
감시자본주의의 등장

지극히 사적인 공간, 유튜브

나보다 나를 더 잘 아는 사람들이 있다. 바로 플랫폼 기업들이다. 우리나라에서는 카카오, 네이버, 삼성과 같은 기업들이 그러하며, 세계적으로는 GAFA(Google, Amazon, Facebook, Apple)라는 빅테크 기업들이 그렇다. 이 기업들은 나에 대해 나보다 훨씬 나를 잘 안다. 인터넷 방문 기록을 통해 나의 최근 관심사와 취향에 대해서 아는 것은 기본이다. 내가 방문했던 장소도 구글맵과 네이버지도, 카카오 지도에 고스란히 보관되어 있으며, 내가 특별히 오래 머물렀거나 좋아했던 장소도 기록하고 있다. 또한 나의 건강상태에 대해서도 잘 안다. 애플워치와 갤럭시워치는 나의 맥박 정보와 운동 패턴을 실시간으로 추적하고 있으며 나의 수면 습관도 기록하고 있다.

GAFA 기업이 나를 너무 잘 알고 있어 민망한 상황이 벌어지기도 한다. 바로 지인들이 보는 앞에서 유튜브^{Youtube} 사이트에 접속했을 때다. 유튜브 사이트는 모두에게 공개되는 공공의 공간이다. 그러나 오늘날의 유튜브는 지극히 사적인 공간이 되어버렸다. 이는 유튜브가 내가 어떠한 영상을 즐겨 보았는지를 분석하고, 이를 통해 내 취향에 맞춘 콘텐츠를 우선 노출하기 때문이다. 유튜브가 추천하는 영상을 보면 그 사람의 취향이 드러난다. 내 경우에는 사랑, 연애 장르의 드라마, 영화를 즐겨 본다. 이 때문에 연애, 불륜, 남녀 심리학 콘텐츠가 항상 상위에 노출되어, 지인들 앞에서 다소 민망했던 순간이 종종 있었다.

불과 몇 년 전만 하더라도 네이버, 다음 등의 포털사이트는 모든 사람에게 동일한 콘텐츠를 보여 주었다. 누가 접속하든 언제 어디서든 동일한 신문기사, 인기 검색어를 제공했다. 과거의 포털사이트는 누구에게나 같은 소비 경험을 제공하는 광장이나, 대중교통과 같은 곳이었다. 포털은 내가 방문하고 싶은 사이트로 이동하기 위해 거쳐야 하는 대중교통이었으며, 내가 원하는 정보를 알아내기 위한 도서관 같은 공공재였다.

그러나 언젠가부터 포털사이트는 내 방과 같이 개인화된 공간이 되었다. 따라서 모두가 접속하는 포털사이트의 모습이 각기 조금씩 다르다. 지금의 네이버는 내가 좋아하는 언론사의 기사를 우선 노출한다. 네이버 첫 화면을 보면 그 사람이 조선일보를 좋아하는지, 한겨레를 좋아하는지를 알 수 있다. 쿠팡과 아마존과 같은 온라인 쇼핑사이트도 마찬가지다. 내가 관심을 둔 상품부터 노출한다. 내가 그동안 어떤 상품을 사고 싶어 했는지를 알 수 있다. 포털사이트는 개인적인 공간이 되었고, 포털사이트에 접속하는 것은 매우 사적인 행위가 되었다.

기업이 우리의 일상을 관찰하는 오늘날 자본주의 모습을 '감시자본주의surveillance capitalism'라고도 일컫는다. 감시자본주의란 우리의 일상 행동에서 데이터를 추출하고, 이를 통해 새로운 경제적 가치를 창출하는 방식의 자본주의다. 구글과 카카오가 우리의 검색기록을 활용하여 맞춤형 서비스를 제공하는 것은 감시자본주의의 전형이다. 우리는 인터넷 공간에서 콘텐츠를 소비하면서 항상 흔적을 남긴다. 감시자본주의의 기업들은 이러한 흔적(행동잉여, behavioral surplus)들을 수집하여 데이터를 얻고, 이 데이터를 분석하여 타깃 광고, 가격차별, 맞춤형 마케팅에 활용하고 있다.

플랫폼 기업의 노예가 되어 가는 사람들

플랫폼 기업들은 너무나도 손쉽게 개인정보를 얻고 있다. 대부분이 별생각 없이 플랫폼 기업에 개인정보를 퍼주기 때문이다.

카카오톡의 가입 절차를 생각해 보자. 우리는 카카오톡에 가입하기 전에 정보제공 동의 절차를 거친다. 사람들은 아무런 거부감 없이 '동의' 버튼을 누른다. 무엇에 동의하는지를 알고 가입하는 사람은 거의 없다. 나의 주민번호를 제공하는 것인지, 나의 전화번호를 제공하는 것인지도 알지 못한다. 그냥 무조건 동의하고 서비스를 이용하는 경우가 일반적이다. 사실 처음부터 소비자들에게 선택권이 없었다. 만약, 정보제공에 동의하지 않는다면 서비스 자체를 이용할 수가 없기 때문이다.

사람들이 개인정보를 대하는 태도도 이중적이다. 대다수 사람은 개인정보 보호가 중요하다고 생각한다. 그러나 이러한 인식에도 불구하고 개인정보를 너무나도 쉽게 제공해 버리는 경향이 있다. 사람들은 기업이 조그만 혜택을 제공하면, 손쉽게 자신의 개인정보를 내준다.

이런 상황을 가정해 보자. 당신이 레스토랑에서 가족들과 식사를 하고 있는데, 점원이 다가와 멤버십 가입을 권하는 상황이다. 점원은 만약 멤버십에 가입하면 음료를 무료로 제공하겠다고 제안한다. 이 상황에서 대부분의 사람은 이름, 전화번호, 이메일 주소 등의 개인정보를 제공하고 천 원짜리 콜라를 얻는 것을 선택한다. 개인정보를 넘기고도 음료를 주서서 감사하다고 인사까지 한다. 우리는 개인정보를 소중하다고 인식하지만, 실제 행동은 개인정보 제공에 매우 관대하다. 이처럼 개인정보에 대한 사람들의 인식과 행동 사이에 괴리가 존재하는 현상을 '프라이버시 역설privacy paradox'이라고 한다. 프라이버시의 역설이 존재하기 때문에 네트워크 기업들은 우리의 개인정보를 손쉽게 얻고 있는 것이다.

네트워크 기업들은 우리를 일꾼으로 만들어 활용하기도 한다. 우리는 취미활동이자 여가생활의 하나로 SNS에 여러 콘텐츠를 업로드한다. 네이버쇼핑몰에 리뷰를 남기기도 하고, 방문했던 장소에서 찍은 사진을 구글맵에 올리기도 한다. 카카오지도에는 기억에 남은 방문 장소에 대한 리뷰를 작성하기도 한다.

그러나 우리가 자발적으로 콘텐츠와 데이터를 업로드하는 것이 궁극적으로 네트워크 기업의 부를 창출하는 행위가 된다. 사용자들이 많고, 더 많은 데이터가 축적될수록 그 네트워크의 가치가 커지기 때문이다. 즉, 온라인 세계에서 나의 소비행위는 순수한 취미나 단순한 소비가 아니다. 이는 소비행위인 동시에 네트워크라는 참여 농장에서 일하는 생산행위이기도 하다.

네이버쇼핑에 상품평을 쓰는 행위가 갖는 의미

우리는 네이버쇼핑을 통해 물건을 사고, 네이버에 상품평을 남긴다. 상품평을 남기는 행위가 힘들지는 않지만, 분명 나의 시간과 노동력이 들어가는 행위다. 네이버로 나의 상품평이 입력되면, 네이버는 이를 데이터로 활용한다. 평이 좋은 상품은 눈에 띄는 곳으로 전면배치될 것이며, 다른 사용자들의 구매 유도를 위한 마케팅 목적으로도 활용된다. 그리고 머신러닝을 훈련시키는 기초 데이터로도 활용될 것이다. 즉, 나의 상품평이라는 데이터는 네이버의 자본이 되는 것이다. 그런데 위 사례에서 하나의 의문이 생긴다.

* 네이버에 작성한 상품평이라는 데이터는 나의 노동행위로 봐야 할까?
아니면, 네이버가 축적한 자본으로 봐야 할까?

이 문제는 매우 중요하다. 왜냐하면 만약 상품평이 나의 노동의 결과물이라고 본다면, 네이버는 분명 내게 그에 상응하는 임금을 지불해야 하기 때문이다. 그리고 나는 근로자로서의 법적 권리를 주장할 수도 있을 것이다. 그러나 현실은 그렇지 않다. 네이버는 내가 성실히 리뷰를 작성했더라도 약간의 포인트만 지급할 뿐, 노동의 대가인 임금을 주지는 않는다. 반대로, 나의 상품평이라는 데이터가 네이버가 소유하고 있는 자본에 불과하다면 네이버는 나에게 임금을 지불할 필요가 없다. 나는 취미로 자발적으로 데이터를 생성했으며, 스마트한 네이버는 이를 수집해 마케팅에 활용할 뿐이다.

이처럼 데이터를 자본이라고 보는 관점은 데이터를 혁신을 위한 자원의 일부로 여긴다. 데이터는 소비자들의 소비 과정에서 부수적으로 생겨난 흔적이며, 따라서 데이터 공급은 지금처럼 무상^{free}으로 유지되는 것이 바람직하다. 무상으로 더 많은 데이터 공급이 이루어져야 한다는 주장은 기업의 혁신과도 연결되어 있다. 저렴한 데이터가 공급되어야 GAFA 기업이 혁신할 수 있다는 논리다. 그리고 그 혁신의 혜택은 궁극적으로 소비자들에게 돌아간다. 플랫폼 기업이 더 똑똑해지면 소비자들은 더 좋은 서비스를 더 저렴하게 누릴 수 있기 때문이다.

반대로, 최근에는 데이터를 노동으로 보기도 한다. 네이버 상품평 작성의 사례에서 보았듯이, 사용자들은 자신의 시간과 노력을 투입해 데이터를 생성했기 때문이다. 이에 따르면 사람들은 빅데이터 공급자이며, 데이터는 작성한 노동자들이 소유권을 지니고 있다. 따라서 데이터를 취득하는 플랫폼 기업은 임금이라는 대가를 지불하는 것이 당연하다.

이 관점이 흥미로운 것은 일자리에 대한 새로운 시각을 제공하기 때문이다. 이 관점에 따르면, 미래에도 일자리는 사라지지 않는다. 상품평 작성, 사진 업로드, 블로그 글 게시 등의 '데이터 노동'이 새로운 직업(일자리)으로 등장하기 때문이다.

설령, 당신이 네이버쇼핑이나 블로그에 단 한 번도 글을 써본 적이 없더라도, 당신은 이미 데이터를 생산하고 있는 '데이터 노동자'다. 당신이 구글과 네이버에 입력했던 검색어들이나, 흥미로운 기사를 클릭했던 흔적들은 또 다른 형태의 데이터들이기 때문이다. 플랫폼 기업은 사람들의 검색내역을 모아 대중의 관심사를 파악하고, 이를 통해 트렌드 분석이나 미래예측에 활용한다. 이른바, 빅데이터Big Data 분석이다. 당신이 만든 빅데이터는 사소해 보이지만 매우 유용하게 활용되고 있다.

구글은 '독감예보'를 통해 미국 보건당국보다 빠르게 독감유행을 예측한 바 있으며, 투표가 시작되기 전부터 구글은 미국의 대통령 선거 결과를 정확히 예측하기도 했다. 구글의 사례는 우리가 어떤 데이터를 생산하고 있으며, 그 데이터가 어떻게 활용되는지를 똑똑히 보여준다. 우리는 우리도 모르게 일종의 '설문조사'에 매번 응답하는 데이터 노동을 하고 있는 것이다.

| 표2-3 | 데이터는 자본일까, 노동일까?[6]

	데이터는 자본이다 (Data as Capital)	데이터는 노동이다 (Data as Labor)
데이터 소유권	기업	개인
데이터 공급의 유인	기업 혁신	일상 활동
노동의 미래	노동의 종말(기본소득 지급)	데이터 노동(데이터 소득)
자긍심의 원천	일에서 찾으면 안 됨	디지털 존엄

그러나 플랫폼 기업에 데이터를 제공하는 행위는 아직 노동행위로 인정받지 못하고 있다. 구글맵에 리뷰를 남기는 일, 배달의 민족에 별점을 매기는 일, 자신의 블로그에 글을 작성하는 일 등은 내가 즐기기 위해서 자율적으로 하는 취미활동일 뿐이지 직업으로 인식되지 않는다. 데이터 노동은 분명 새로운 생산양식의 특성을 갖추고 있지만, 오늘날 우리가 가지고 있는 낡은 제도로는 데이터 노동을 노동으로 포섭하기 어려운 것이 현실이다.

그러나 이처럼 데이터를 노동으로 간주하지 않으면 다음과 같은 문제가 발생한다.

먼저, 실업률을 과대평가하는 문제다.[7] 오늘날 모든 국가는 일자리가 부족해서 난리다. 그러나 사실 우리는 모두 그동안 SNS를 하며 놀고 있던 것이 아니라, 데이터 노동이라는 새로운 일을 하고 있었던 셈이다. 그동안 인공지능과 기계가 사람들의 일자리를 대체한 것이 아니라, 사람들은 '데이터 공급'이라는 직업을 가지고 있었던 것이다. 데이터 노동을 노동으로 인정한다면, 이를 어떻게 보상하고 어떻게 GDP에 포함할 것인지의 문제만이 남는다. 즉, 아직도 가정주부의 가사노동이 경제적으로 측정이 어렵다는 이유로 GDP에 포함되지 않는 것과 마찬가지다.

또 다른 문제는 데이터 노동자들이 제대로 된 경제적 보상을 받지 못한다는 것이다. 물론 이미 소액의 보상을 지급하는 플랫폼도 있다. 유튜브는 게재된 동영상이 1,000회의 조회 수를 달성하면 약 2천 원을 지급한다. 네이버쇼핑은 상품평에 대해 몇백 원을 지급한다. 그러나 이 정도 수준의 보상이 과연 충분할까? 아마 그렇지 않을 가능성이 크다. 네이버와 구글 등의 데이터 수요자는 매우 거대한 수요독점monopsony 기업인 반면, 데이터 공급자들은 노동자로서 보호를 받지 못하고 있기 때문이다.[8]

따라서 데이터 노동이라는 새로운 생산양식을 우리 사회의 제도로 포섭할 것인지에 대해서는 보다 진지한 사회적 논의가 필요하다. 만약 데이터 노동을 제도적 노동으로 인정하고자 한다면, 다음과 같은 문제들을 우선 해결할 필요가 있다.

먼저, 개인들이 공급하는 데이터의 가치를 평가할 수 있는 시스템이 필요하다. 모든 개인은 크든 작든 데이터 노동을 통해 플랫폼 기업의 부^富에 '기여'하고 있다. 만약 개인들의 데이터 노동이 기업의 부가가치 제고에 기여하는 부분이 정확히 측정된다면, 데이터 노동에 대한 보상 수준도 자연스레 결정될 것이다.

'데이터 노동조합^{data union}'을 만들 수도 있다.[9] 데이터 노동자들은 노동조합을 통해 좀 더 높은 임금을 기업에 요구할 수도 있다. 또한 데이터 노동조합은 소수의 플랫폼 기업이 데이터를 독점하는 것도 막는다. 개인들은 어떤 회사에 데이터를 제공할지에 대한 협상력이 없지만, 데이터 노동조합은 카카오와 네이버 중 어디에 조합원의 데이터를 공급할지를 결정할 수 있기 때문이다.

그 외에 인터넷상의 데이터 노동에 대한 최저임금제도, 데이터 노동자의 권익을 보호하기 위한 특별노동법 제정, 개인정보보호조합 등을 만들자는 주장도 가능하다. 물론 데이터 노동이 법적인 테두리로 들어온다면 말이다.

기업들이 데이터 확보에 사활을 거는 이유

전통적 통계학에서 정형화된 모습의 데이터만이 가치가 있었다. 숫자로 쓰여 있어야 하며, 체계적으로 분류되어 있어야 했다. 문자나 그림, 영상은 데이터로 활용되기 어려웠다. 숫자의 형태로 수집한 데이터들은 주로 모집단의 특성을 추론하는 데에 쓰였다. 예컨대, 대한민국 남성의 평균 신장을 추측하기 위해 천 명의 남성 표본을 추출하는 작업이다. 만약, 표본 천 명의 평균 신장이 175센티미터라면, 대한민국 전체 평균도 175센티미터에 가까우리라 추론하는 것이 전통적 통계학이다.

전통적 통계학에서는 일정 수준의 표본이 확보되면 목적을 달성하는 데에 충분했다. 즉, 1,000명으로 추측할 수 있는 평균 신장이나 1,001명으로 추측할 수 있는 평균 신장엔 큰 차이가 없다. 추가적인 표본의 확보는 큰 의미가 없었다. 두 경우 모두 추론 결과는 175센티미터 정도로 나올 것이기 때문이다. 따라서 적절한 수의 표본을 주면 추론이라는 통계적 목적을 달성하는 데에 충분했다.

그런데 '머신러닝machine learning'이 등장하면서 데이터의 가치는 완전히 달라졌다. 머신러닝은 대량의 데이터를 바탕으로 스스로 학습하는 알고리즘이다. 데이터를 입력하면 기계 스스로가 데이터를 학습하고 판단 능력을 정교화한다. 이세돌 9단을 꺾어 화제가 되었던 알파고 역시 머신러닝 프로그램이다. 이세돌 9단을 꺾기 위해 구글 딥마인드는 약 16만 건의 기보를 알파고에 입력했으며, 이후 약 3천만 건의 대국을 통해 알파고는 스스로 옳은 수가 무엇인지를 파악하는 능력을 터득했다. 이처럼 머신러닝의 능력은 입력하는 데이터의 양과 대체로 비례하여 커지는 특징을 지니고 있다.

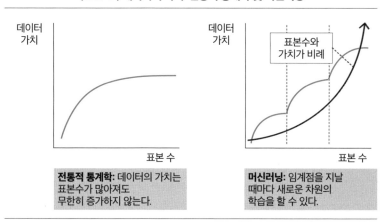

| 표2-4 | 데이터의 가치: 전통적 통계학 및 머신러닝

전통적 통계학: 데이터의 가치는 표본수가 많아져도 무한히 증가하지 않는다.

머신러닝: 임계점을 지날 때마다 새로운 차원의 학습을 할 수 있다.

자율주행 분야를 예로 들어 보자. 자율주행 분야는 머신러닝이 가장 활발하게 활용되는 분야 중 하나다. 특히, 머신러닝으로 도로 위의 돌발변수를 인식하는 작업에 관한 연구가 많이 이루어지고 있다. 신호등, 자동차, 사람 등을 기계가 스스로 인식하는 것이다. 만약 머신러닝이 1만 개의 사람 사진이 입력되면 사람을 분간하기 시작한다고 가정해 보자. 그러나 1만장의 사진으로 사람은 분간하더라도 자율주행을 구사하기는 어렵다. 자율주행을 위해서는 사람뿐만 아니라 자동차, 신호등 등과 같은 돌발변수도 인식해야 하기 때문이다.

이번에는 신호등을 분간할 수 있도록 1만 장의 신호등 데이터를 입력한다고 가정해 보자. 총 2만 장의 데이터가 입력된 것이다. 신호등 데이터까지 학습이 끝나고 나면, 머신러닝은 사람과 신호등 모두를 인식할 수 있다. 이 경우에는 사람만 인식할 수 있었던 머신러닝과는 완전히 차원이 다른 자율주행을 구사할 수 있다. 기타 돌발변수에 대한 데이터도 마찬가지다. 기차, 교차로, 자동차, 차선 등 여러 데이터가 입력될수록 머신러닝은 고도화된다. 머신러닝이 수행할 수 있는 업무의 범위가 커지는 것이다. 머신러닝 기술이 등장한 이후 데이터의 가치는 완전히 달라졌다. 데이터는 적당량만 확보하면 충분한 것이 아니라 많으면 많을수록 진화가 된다는 것이다.

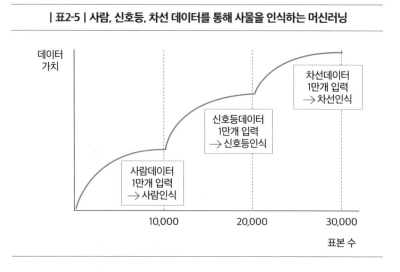

| 표2-5 | 사람, 신호등, 차선 데이터를 통해 사물을 인식하는 머신러닝

이것이 바로 오늘날 네트워크 기업들이 데이터 확보에 사활을 거는 이유다.[11] GAFA 기업들은 데이터 우위를 바탕으로 자사의 인공지능을 효과적으로 훈련시키고, 결과적으로는 경쟁에서 우위에 선다. 독점력이 클수록 더 많은 데이터를 수집하고, 더 많은 양의 데이터는 또다시 독점을 강화하는 선순환 고리로 작동한다. 네트워크 경제에서는 '데이터'라는 무기를 통해 승자에게 유리한 승자독식의 세계가 만들어지고 있는 것이다.

| 표2-6 | 미국 이커머스 시장 점유율: 아마존의 독주(단위: %)[12]

	2018	2019
Amazon	37.3	38.7
Walmart	4.0	5.3
eBay	3.4	4.7
Apple	3.8	3.7
The Home Depot	1.6	1.7
Wayfair	1.1	1.5
Best Buy	1.3	1.3
Target	1.1	1.2
Costco	1.1	1.2
Macy's	1.2	1.1

*eMarketer 발표 자료 인용

　데이터 우위가 만들어내는 GAFA 기업의 독점력은 시장점유율로
도 나타난다. GAFA 기업 중 하나인 미국 온라인 쇼핑몰의 1위인 아
마존의 시장점유율은 40퍼센트 정도다. 그러나 2, 3위인 월마트, 이
베이[eBay]의 시장점유율은 4~5퍼센트에 불과하다. 구글이 개발한 안
드로이드 OS는 모바일 기기의 74퍼센트에 탑재되어 있고, 애플의
iOS는 25퍼센트의 기기에 설치되어 있다. 나머지 OS의 시장점유율
은 1퍼센트도 되지 않는다. 구글의 검색 시장점유율은 92.5퍼센트
다. 2위인 빙[Bing]은 2.4퍼센트밖에 되지 않는다. SNS 시장에서도 승
자독식의 독점 구도는 동일하게 나타난다. 페이스북 사용자 수는 전

세계 인구의 3분의 1 정도인 23억 명이다. 그러나 GAFA 기업이 아닌 트위터[Twitter]와 레딧[Reddit]의 사용자 수는 3.3억 명에 불과하다. 이처럼 감시자본주의는 1위 기업의 시장지배력을 더욱 공고하게 만들고 있다.[13]

네트워크가 만들어 낸
또 다른 권력

'연결 그 자체'가 권력

플랫폼 기업은 네트워크가 탄생시킨 '진화된' 경제 권력이다. 그러나 네트워크는 또 다른 형태의 권력도 탄생시켰다. 바로 사람들이 네트워크에 연결되었다는 그 자체가 새로운 권력이다. 연결 그 자체가 새로운 권력이 되는 현상은 플랫폼 기업의 부상만큼이나 뚜렷하게 관찰되는 현상이다.

연결 그 자체가 새로운 권력으로 작용한 대표적 사례는 우리나라의 촛불집회다. 2016년 12월, 박근혜 전 대통령의 탄핵을 요구하는 42만 명의 사람들이 광화문 광장에 결집했다.[14] 이들에게는 리더도, 별도의 조직도, 위계질서도 존재하지 않았다. 누가 광화문 광장으로 뛰어나가라고 강요한 것도 아니었고 돈을 쥐여준 것도 아니었다.

그렇다면 이렇게 많은 사람이 어떻게 광화문 광장에 모이게 되었을까? 촛불집회의 원동력은 바로 '연결' 그 자체다. 시민들이 집회에 참여할 수 있었던 것은 당시 제기된 국정농단 스캔들에 대한 분노와 실망이었다. 인터넷을 통해 보고 들은 뉴스가 이들을 실망시켰으며 인터넷 게시판에서 의견을 나누게 했다. 그리고 이들의 공감과 분노는 바로 참여라는 행동으로 이어졌다. 만약 인터넷이라는 네트워크가 없었다면 결집하는 데에 오랜 시간이 걸렸을 것이다. 네트워크가 만들어내는 '연결, 공감, 확산'은 이들의 힘을 결집하여 광장에서 분출시켰다.

촛불집회는 여러 가지 생각할 거리를 남긴다. 네트워크로 연결된 사람들이 움직이는 원리는 무엇일까? 이들은 과거의 권력과 어떠한 차이가 있을까? 이처럼 네트워크에 연결된 대중을 미국의 사회운동가 제러미 하이먼즈Jeremy Heimans는 '뉴파워'라고 일컫는다.[15] 연결 그 자체에서 만들어지는 권력을 뜻한다.

뉴파워는 플랫폼 위에서 탄생했다. 고대 그리스에는 '아고라'라는 플랫폼이 있어서 광장 민주주의가 가능했다면, 오늘날에 모든 대중은 '인터넷'이라는 플랫폼에 연결되어 있다. 오늘날의 플랫폼은 과거와 달리 소통을 위한 물리적 공간이나 시간을 요구하지 않는다. 카카오톡, 네이버 밴드, 다음 아고라(2019. 1월 종료), 뉴스의 댓글 창 등의 플랫폼에 우리는 이미 모여 있기 때문이다. 우리는 언제 어디서든 타인과 사회적 이슈에 대해 정보를 얻고 이를 논의할 수 있는 환경에 살고 있다.

연결 그 자체가 만들어낸 뉴파워의 대표적인 사례를 살펴보자.

이러한 현상들은 운동을 주도하는 강력한 조직이나 리더십도 없었다. 이 운동들은 순전히 대중들의 자발적 참여와 공감을 통해 이루어졌다.

1. 2021년, 16개월 된 입양아 정인이의 사망 사건이 알려지자, '정인아 미안해 챌린지'가 확산되었다. 이 챌린지는 실제 우리 사회를 움직였다. 경찰청장은 사과문을 발표했으며, 사건을 담당했던 경찰들은 징계를 받았다. 재발방지 대책도 마련됐다. 그냥 묻힐 수도 있었던 사건이었으나, 국민의 관심이 사회의 변화를 이끌어낸 것이다.

2. 루게릭병 환자를 돕기 위한 '아이스버킷 챌린지'는 온라인에서 피트 프레이츠라는 보스턴 칼리지의 야구선수가 처음 시작하면서 유명해졌다. 루게릭병 환자를 돕는다는 선한 취지에 많은 대중이 공감했으며, 전 세계적으로 1억 달러 이상의 기부금이 모이는 릴레이로 이어졌다.

3. '미투 운동' 역시 마찬가지다. 온라인에서 여성들은 자신이 겪은 성적 피해에 대해 폭로를 시작했고, 이 역시 하나의 사회적 운동이 되었다. 누구도 강요하지 않은 개개인들의 자발적 참여가 뉴파워가 되었다.

4. 이재명 경기도지사는 트위터에서 거침없는 사이다 발언으로 일약 스타가 되었다. 그의 선명하고 공격적인 트윗은 SNS를 통해 대중에게

크게 확산되며 많은 공감을 얻었다. 그는 몇 년 전만 하더라도 이름 없는 기초자치단체장에 불과했지만, 지금은 차기 대선주자로 높은 지지를 받고 있다.[16]

5. 국민연금은 2021년 들어 코스피 지수가 약 3,000선 이상으로 회복되자 15조 원치의 국내주식을 팔아치웠다. 그러나 동학개미로 불리는 개인투자자들은 청와대 국민청원 게시판에 국민연금의 투자전략을 변경할 것을 요청했고, 이 주장은 수만 명의 공감을 받았다. 국민연금은 동학개미들의 여론을 감안하여 자산운용 전략을 변경하였다.

이처럼 뉴파워는 구권력과는 완전히 다른 모습으로 작동한다.[17] 네트워크를 통해 확산되고, 흐르는 물결처럼 작용한다.

제러미 하이먼즈는 신권력은 'Current(흐름)', 구권력은 'Currency(화폐)'라고 표현한다. 구권력은 소수만 가지고 있으며, 폐쇄적이고 접근하기 어렵다. 리더가 주도하며, 상명하달의 원리로 움직인다. 강한 유대감과 권위hierarchy도 구권력의 특징이다. 정당이나 기업이라는 조직을 만들어 일사불란하게 움직이는 것이 구권력의 작동방식이다.

그러나 뉴파워는 흐름이다. 다수가 만들어내고, 개방적이면서 참여적이다. 물이나 전기처럼 흐름이 급증할 때 가장 강력해진다. 뉴파워는 권력을 움켜쥐고 있는 것이 아니라, 일정한 방향으로 흐르도록 결집하는 것이다. 뉴파워는 지도자가 부재한 상황, 즉 아나키

^{anarchy}에 가깝다. 이들에게는 조직도, 리더도 없다. 이들을 움직이는 힘은 참여, 공감, 확산이다. 네트워크에서 공유되는 메시지는 모두 수평적으로 움직이며, 많은 대중의 공감을 받은 메시지가 뉴파워가 된다.

| 표2-7 | 작동원리 비교: 구권력 vs. 뉴파워

구권력	뉴파워
조직(Organization)	네트워크(Network)
유대감, 권위(Hierarchy)	익명성, 지도자의 부재(Anarchy)
명령	참여, 공감, 확산
수직적	수평적
상명하달	연쇄작용

대중을 사로잡는 방법의 변화

과거에는 기억하기 쉬운 메시지가 대중들의 마음을 사로잡았다. 대중 간의 소통이 불가능했기 때문에, 이들을 사로잡기 위해서는 머릿속에 강한 인상을 남기는 전략이 중요했다. 그래서 활용된 것이 간결한 선거운동의 '캐치프레이즈'였다. 문재인 대통령이 후보 시절 사용했던 '사람이 먼저다', '나라를 나라답게'와 같은 메시지는 기억하기 쉬운 메시지의 전형이다. 트럼프의 '미국이 우선이다^{America First}', 또는 '다시 미국을 위대하게^{Make America Great Again}'도 마찬가지다.

그러나 뉴파워 시대에는 확산되기 쉬운 메시지가 좀 더 효과적이

다. 사람들은 카카오톡과 네이버에 24시간 연결되어 있으며, 언제든 메시지를 확산할 수 있는 미디어로서 역할을 한다. 따라서 뉴파워의 세계에서는 비록 길더라도 공감을 불러일으킬 수 있는 '맥락이 있는 메시지'가 효과적이다.

코로나 방역대책에 대한 가짜뉴스들, 정치인들의 부정부패에 대한 의혹들, 16개월 된 입양아인 정인이가 학대를 받았던 가슴 아픈 이야기는 대중의 호기심과 분노를 자극하는 좋은 메시지이다. 생각해 보면, 우리가 SNS를 통해 전달하는 메시지는 모두 길다. 짧고 간결한 '사람이 먼저다'를 다른 사람에게 뿌리지는 않는다. 비록 길더라도 스마트폰과 인터넷을 통해 확산되기 쉬운 메시지가 뉴파워 시대에는 효과적이다.

이것은 대중들이 가짜뉴스에 쉽게 호도될 위험이 있다는 것을 뜻하기도 한다. 참·거짓이 정확히 확인된 메시지보다 자극적이고 재미있는 메시지가 쉽게 유통되기 때문이다. 가짜뉴스를 접해 본 사람은 알 것이다. 가짜뉴스는 매우 장황하고 논리적인 것처럼 보인다. 사람들은 이를 무비판적으로 유통시킨다. 확산의 속도도 걷잡을 수 없을 정도로 빨라졌다. 스마트폰이 등장한 이후, 최소한의 사실관계 검증 없이 순식간에 퍼지고 유포된다.

인터넷 사용에는 '1 대 9 대 90의 법칙'이라는 게 있다. 인터넷 이용자의 90퍼센트는 단순히 관망할 뿐이며, 9퍼센트는 재전송이나 댓글로 확산에 기여하고, 1퍼센트만이 콘텐츠를 창출한다는 법칙이다. 이 법칙은 인터넷에서 영향력 있는 소수(1퍼센트)에 의해 인터넷

여론이 좌우되거나, 의견이 일방향으로 흐를 수 있음을 시사한다. 수많은 사람이 네트워크에 연결되어 있지만, 대부분은 인터넷상의 메시지를 무비판적으로 소비, 확산할 뿐 사실을 검증하지는 않는다.

| 표2-8 | 플랫폼에서 만들어진 뉴파워의 구조, 1 대 9 대 90의 법칙

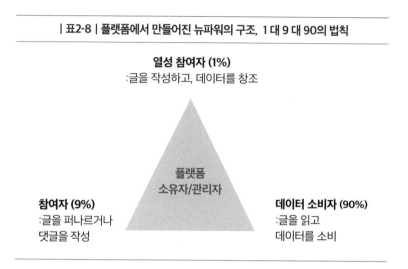

열성 참여자 (1%)
:글을 작성하고, 데이터를 창조

플랫폼
소유자/관리자

참여자 (9%)
:글을 퍼나르거나
댓글을 작성

데이터 소비자 (90%)
:글을 읽고
데이터를 소비

따라서 뉴파워는 항상 선(善)한 방향으로 작동하지 않는다. 연결 그 자체는 가짜뉴스에 취약하며, 타인의 명예를 훼손하는 자극적인 뉴스에 민감하다. 특정 인플루언서가 자신의 유명세를 바탕으로 저품질의 상품을 판매하여 이득을 챙기거나, 고의로 대중을 선동하는 사건이 종종 일어나는데, 이들은 모두 뉴파워를 특정 개인의 이해관계에 사용했기 때문이다.

다음의 그래프는 오늘날 존재하는 권력의 모습을 4가지 유형으로 나누어 본 것이다. 이때 권력은 단순히 정치 권력을 의미하는 것이 아니라, 경제 권력, 문화 현상 등 사회에 영향력을 미칠 수 있는 '힘'을 모두 포함하는 개념이다.

세로축은 전통적인 조직의 모습을 띠고 있느냐, 또는 뉴파워의 작동원리인 네트워크이냐를 의미한다. 반면, 가로축은 그 집단이 추구하는 가치로 구분하고 있다.

| 표2-9 | 뉴파워와 구권력의 비교: 추구하는 가치(가로축)와 작동 방식(세로축)을 기준으로[18]

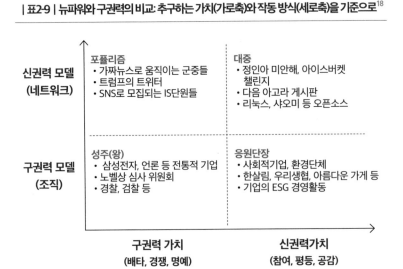

트럼프의 트위터는 네트워크를 구권력 가치를 추구하는 데에 활용한 대표적 사례다. 트럼프는 2021년 트위터 계정이 정지되기 전까지 약 8,900만 명의 팔로워를 거느렸으며, 정치에 입문한 후부터 지금까지 3만 2천여 건의 트윗을 작성했다. 트럼프의 트위터가 다른 어떤 정치인보다 강력했던 것은 많은 참여를 유발했기 때문이다. 트

럼프의 자신감 넘치고 공격적인 메시지는 수많은 팔로워 사이에서 리트윗되며 확산되었다. 트럼프는 네트워크를 자신의 정치적 입지라는 구권력의 가치를 강화하는 데 사용했다. 트럼프와 같이 네트워크를 활용해 구권력적 가치를 추구하는 사람들을 '포퓰리즘'이라고 할 수 있다.

포퓰리즘과 정반대에 있는 유형은 응원단장이다. 야구 경기장의 치어리더를 보면 4~5명의 조직을 갖추어 응원하지만, 이들이 추구하는 것은 모든 관중의 흥을 돋우는 일이다. 즉, 응원단장은 조직의 형태를 띠고 있지만, 대중들의 참여라는 가치를 추구한다.

이 같은 대표적 사례로 '아름다운 가게'와 같은 사회적 기업이 있다. 아름다운 가게는 사람들이 기부한 옷을 되팔고, 이를 사회에 환원한다. 전통적인 조직의 형태를 띠지만, 아름다운 가게가 추구하는 가치는 전통적인 기업이 추구했던 경제적 이윤이 아니라, 일자리 창출, 사회복지, 환경과 같은 사회적 가치들에 중점을 둔다. 협동조합도 마찬가지다. 이들은 조합이라는 형태의 조직을 만들어 활동하지만, 이윤이나 폐쇄적 조직운영보다는 조합원 전체의 참여와 복리를 추구한다.

마지막으로, 조직의 형태를 활용하여 구권력의 가치를 추구하는 집단은 우리가 이제까지 권력 집단이라고 생각하는 기업, 정당, 정부다. 이들은 일사불란한 위계질서를 갖추고, 폐쇄적 모습을 띠고 있다. 주로 조직의 정점에 있는 권력자를 위해 일한다는 측면에서 성주(왕)에 가깝다. 물론 이들이 과거의 모델과 과거의 가치를 추구한다고 해서, 문제가 되는 것은 아니다. 이러한 왕의 유형을 가진 조직들은 각기 조직의 주어진 목표를 달성하기 위해 최고의 방법을 선택한 것일 뿐이다.

SNS가 만드는 작은 국가[19]

코넬대학교의 베네딕트 앤더슨[B.Anderson] 교수는 민족주의의 근간을 동일한 언어와 인쇄자본주의[print capitalism]에서 찾는다. 출판 산업이 발달하자 동일한 언어가 확산되었고, 사람들은 같은 생각을 공유하게 되었다. 그리고 이는 '우리는 같은 민족이다'라는 민족주의의 형성에 직접적인 영향을 미쳤다.

오늘날 사람들이 생각을 공유하는 도구는 인터넷 플랫폼이다. 사람들은 유튜브를 통해 취향에 맞는 영상을 찾아보고 '좋아요'를 누른다. 마음에 드는 정치인의 발언은 리트윗하여 널리 전달된다. 이는 인쇄자본주의가 오늘날 다시 나타난 모습이라 할 수 있다. 미래학자 제이슨 셴커[Jason Schenker]는 이를 '디지털 인쇄자본주의[digital print capitalism]'라고 일컫는다.

사람들은 SNS를 통해 자신의 정체성을 확립한다. 이런 정체성은 과거 인쇄자본주의에서처럼 지리적 한계에 묶이지 않는다. 온라인에서는 상대가 누군지도, 지역도 모른다. 그럼에도 유튜브와 트위터는 사람들을 하나로 묶고, 그들의 성향과 정체성을 강화시킨다.

플랫폼은 사람들의 생각을 비슷하게 만들어 버린다. 19세기 말 인쇄자본주의는 대중을 하나로 묶기 위해 국가적 단위로 행했던 방식이다. 인쇄 기술의 발달로 사람들의 세계관이 동질화되자 같은 민족이라는 소속감이 생겼다. 이 과정은 오늘날 SNS에서 성향이 같은 사람들끼리 뭉쳐 그들의 소속감을 강화하는 과정과 매우 흡사하다.

차이점이 있다면, SNS는 국가나 민족 단위가 아니라 더 세분화된 소집단을 만든다는 것이다. 반복되는 콘텐츠 소비를 통해 사람들은 혼자가 아니라는 생각을 더욱 강하게 가지게 되었다. '남들도 내 생각과 같구나', 심지어는 '내 생각이 정의롭구나'라는 편향된 생각을 심어준다.

SNS는 개인의 정체성을 형성하여 국가 내의 또 다른 가상의 국가를 만든다. 과거 인쇄자본주의 시기에 민족과 국가라는 정체성을 인식하기 시작했던 것과 현재 SNS상으로 수많은 하위 조직들이 생겨나는 상황은 매우 닮아 있다. 단지 수단이 디지털화되었을 뿐이다.

SNS는 동질적인 정치적 성향을 지닌 사람들을 규합하는 일종의 '디지털 정당'을 탄생시키는 역할을 한다. 디지털 정당은 뉴파워가 만들어낸 현상의 일부이기도 하다. 이들은 느슨하게 연결되어 있지만, 관심을 가지는 사안에 대해서는 누구보다 치열하게 싸운다. SNS를 통해 정체성을 확립한 세력은 계속 등장할 것이고, 이들은 더 많은 갈등을 부추기는 요인이 될 수 있다.

경제 영역의 뉴파워, 동료생산

남극의 황제펭귄 무리는 알을 낳기 위해 영하 60~70도에 이르는 겨울날 한곳에 모인다. 겨울에는 천적이 없고, 알이 부화할 무렵에는 아기 펭귄이 자라기 좋은 봄이 오기 때문이다. 그러나 남극의 겨울은 너무나도 춥다. 수컷은 겨울 2개월 동안 영하 60도의 추위를 견디며 알을 품어야 한다. 그래서 수컷들은 서로의 몸을 밀착해 체온을 유지하며 추위를 분담한다. 무리의 가장자리에 있던 수컷들이 추위에 지치면, 안에 있던 펭귄들과 자리를 바꾸기도 한다. 이러한 팀워크를 발휘해 황제펭귄 무리는 알을 부화한다.

리눅스[Linux] OS의 로고는 펭귄이다. 이 로고는 리눅스의 작동원리인 팀워크를 상징한다. 여러 펭귄이 협업하여 알을 보호하듯이, 리

| 표2-10 | 리눅스의 아이콘: Tux 펭귄과 다양한 모습의 로고들[20]

턱스(TUX)는 리눅스 프로젝트의 마스코트다. 오리지날 턱스(오른쪽, 1996)는 식사를 마치고 앉아 있는 펭귄의 모습을 형상화했다.

눅스 OS도 많은 사용자가 힘을 합쳐 개발된 소프트웨어다. 마이크로소프트사에 의해 독점적, 폐쇄적으로 개발되는 윈도우와 달리, 리눅스 OS는 누구나 프로그램을 수정할 수 있다. 프로그램의 설계도에 해당하는 소스source가 모두에게 공개open되어 있기 때문이다. 이렇게 수많은 대중이 참여하는 방식으로 개발되는 소프트웨어를 '오픈소스open source'라고 일컫는다. 펭귄들과 같이 자발적 협동의 과정을 통해 프로그램이 완성되는 것이다.

오픈소스 프로그램들은 이미 우리 주위에서도 널리 사용되고 있다. 모바일 OS 시장의 75퍼센트가량을 점유하는 구글의 안드로이드는 가장 대표적인 오픈소스OS다. 우리나라에서는 널리 사용되지 않지만, 미국의 모질라 재단이 개발한 인터넷 브라우저 파이어폭스Firefox도 오픈소스 프로그램이다. 중국의 세계적 전자제품 회사인 샤오미의 스마트폰이 채택한 OS도 안드로이드에 기반한 오픈소스 프로그램이다.

이처럼 누구나 자유롭게 참여하여 프로그램에 기여하는 오픈소스는 '동료생산peer production'의 일종이다. 동료생산은 느슨하게 연결된 개인들이 명령을 받지 않고 서로 협동하여 재화나 서비스를 만들어내는 방식을 말한다.[21] 동료생산은 생산자 공동체에 의해 관리되며, 시장 논리나 조직의 지배를 받지 않는다. 비시장적이고 비독점적인 새로운 생산 모델이라는 점에서 과거의 기업과는 다른 새로운 형태의 권력 모델이다.

| 표2-11 | 동료생산 방식으로 생산되는 서비스[22]

위키백과[Wikipedia]는 동료생산으로 생산되는 대표적인 서비스다. 2001년에 처음 만들어진 위키백과는 상명하달식의 명령체계가 없어도 사용자들의 협업으로만 작성되는 '관리자 없는 생산'에 기반한다. 아무도 데이터 제공을 강요하지 않았지만, 참여자들은 자발적으로 데이터를 제공하여, 방대한 분량의 백과사전을 만들어냈다. 2020년 기준 5,091만 페이지 분량이며, 약 3,900만 명이 참여하여 작성한 백과사전이다. 2019년 기준 위키백과의 월별 방문자는 약 50만 명으로 전 세계 사이트 중, 5위를 차지하고 있다.

위키백과는 세계 최고였던 백과사전 『브리태니커』에 버금가는 정확성도 갖추고 있다. 과학 학술지 《네이처》에 따르면, 『브리태니커』와 위키백과는 정확성 측면에서 큰 차이가 없었다.[23] 『브리태니커』는 항목당 평균 3개의 오류가 발견되었으며, 위키백과 역시 항목당 4개의 오류가 발견됐다. 위키백과는 동료생산을 통해 만들어진 정보가 각 분야의 최고 전문가들이 참여한 정보만큼이나 정확할 수 있다는 사실을 보여 준다.

5천만 페이지가 넘는 위키백과는 어떻게 만들어지고 어떻게 일관성 있는 글이 탄생할 수 있었을까? 개인의 블로그든, 일기장이든 써 본 사람은 이러한 궁금증을 가질 법하다. 글은 '일관성'과 '흐름'을 생명으로 하기 때문이다. 긴 글일수록 그렇다. 제각각인 짧은 글들을 단순히 짜깁기만 한다고 완성된 글이 나오지 않는다.

| 표2-12 | 코로나19에 대한 나무위키 검색 결과

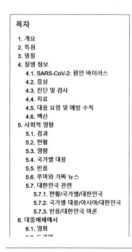
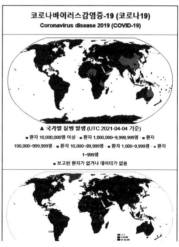

그래서 위키백과는 긴 글을 잘게 쪼개는 것으로 백과사전 작성 작업을 시작한다. **동료생산의 첫 번째 작동원리인 '모듈화'다.**[24] 특정

주제가 잘게 쪼개지면, 수많은 사람이 쪼개진 각각의 모듈^{module}에 참여하여 자료를 독립적으로 작성할 수 있게 된다. 위키백과나 나무위키로 자료를 검색하면, 1.1.1, 1.1.2., 1.1.3과 같이 불필요할 정도로 목차가 세분화되어 있는 경우를 찾아볼 수 있다.[25] 때로는 목차는 제시되어 있는데 그 내용이 없는 경우도 허다하다. 여기에는 이유가 있다. 모듈의 크기는 작을수록 좋으며, 모듈이 만들어져야 사람들이 참여할 수 있기 때문이다. 모듈이 작으면 더 많은 사람들이 독립적으로 참여할 수 있으며, 관리자 없이도 하나의 완성된 글이 만들어지는 것이다.

동료생산의 두 번째 작동원리는 '위계구조'다. 놀랍게도 동료생산 시스템에도 관리자가 존재한다. 그러나 이들은 최소한의 조율작업만을 수행한다. 참가자들의 작업물 중 어떤 것을 최종 결과물에 반영하고, 어떤 것을 버릴 것인지를 결정하는 것이다. 위키백과에는 일반 편집자 − 관리자 − 관리 − 조정위원회로 구성되는 위계구조가 있다. 이들이 최종 편집권을 가지고 글을 만들어내는 것이다.

리눅스 프로젝트에서도 최고 책임자인 '리누스 토발즈^{Linus Torvalds'}는 조율자 역할을 담당한다. 리눅스 OS의 개발 과정이 엉뚱한 방향으로 흘러가지 않도록 중요한 분기점마다 의사결정을 하는 역할이다. 이처럼 동료생산에도 위계질서는 존재하고 있으나, 이들의 개입은 사람들의 자발적 참여를 유인하는 수준에 그칠 뿐이다.

마지막으로, 동료생산은 네트워크의 자율적인 '교정능력'을 작동

원리로 삼는다.[26] 관리자와 계획이 부재^{不在}한 동료생산 방식에서는 많은 시행착오가 발생한다. 부정확한 정보가 등장하기도 하며, 불필요한 글들이 작성되기도 한다. 그러나 네트워크는 오류를 스스로 교정하는 능력이 있다. 보는 눈이 많으면 오류를 쉽게 찾아낼 수 있다는 '리누스의 법칙^{Linus' Law}'이다. 사람들이 많다면 오류는 언젠가 발견되고, 보다 적합한 해결책이 제시된다. 다소 시간이 걸릴 수는 있지만, 교정 능력 덕분에 동료생산의 결과물은 매일 조금씩 개선될 수 있는 것이다.

웹 2.0의 주역, 플랫폼 기업

지금의 인터넷 환경에서는 누구나 글을 쓰는 것이 자연스럽다. 인터넷은 누구에게나 열린 공간이다. 네이버 뉴스 기사에 댓글을 달고, 네이버쇼핑에 상품평을 남긴다. 카카오맵에는 내가 방문했던 곳에 대한 후기를 남기고, 영화나 도서 사이트에는 짤막한 리뷰나 별점을 매긴다.

그런데 원래부터 인터넷이 이러한 모습은 아니었다. 2000년대 초반까지만 하더라도 인터넷은 일방향 구조였다. 대부분의 웹사이트에는 댓글을 쓸 수 있는 게시판이 없었다. 홈페이지는 기업의 정보를 체계적으로 정리하고 제공하는 도구에 불과했다. 이용자의 참여나 소통은 끼어들 틈이 없었으며, 이용자들은 TV나 신문처럼 정보를 일방향으로 전달받는 구조였다. 이렇게 단방향으로 소통이 이루어지던 과거의 인터넷 환경을 웹 1.0이라 일컫는다.

오늘날과 같은 인터넷 환경은 '웹 2.0'이다. 웹 2.0은 이용자들의 참여를 지향한다. 자유롭게 댓글을 달고 리뷰를 쓰며, 친구들과 일상을 공유하고 이야기를 하는 양방향 구조다. 웹2.0이 지향하는 참여에서 동료생산이라는 새로운 생산양식이 탄생할 수 있었다. 사람들의 참여에서 데이터가 축적되고 집단지성이 창출되었기 때문이다. 위키백과, 오픈소스, 크라우드펀딩 등은 웹2.0이 탄생시킨 새로운 생산양식의 모습이다.

| 표2-13 | 인터넷 네트워크의 구분: 웹의 과거, 현재, 미래

웹 1.0	웹 2.0	웹 3.0
인터넷의 과거 (1994~2004년까지 웹사이트)	인터넷의 현재	인터넷의 미래
디렉토리 검색	개방, 참여, 공유 소비자가 생산자가 됨	시멘틱 웹 기술 컴퓨터가 웹의 내용을 이해
자료의 체계적 분류	플랫폼으로서 웹	지능화, 개인화, 맞춤화
일방향 정보 전달	집단지성, 롱테일 지성	프라이버시 보장, 탈중심화

웹2.0의 개념이 처음 제시되었을 때 많은 사람들이 웹을 통한 소통과 참여를 기대했다. 웹2.0은 모든 것이 양방향으로 연결된다는 자유정신의 표현이었기 때문이다. 그러나 애초의 기대와는 달리 웹2.0은 상업화의 논리에 의해 지배당했다. 참여와 동료생산의 원리를 상업화하는 데에 성공한 플랫폼 기업들이 등장한 것이다. 네이버쇼

핑은 마케팅에 사람들의 자발적인 리뷰를 활용하고, 배달의 민족은 별점으로 식당 정보를 제공한다. 인스타그램과 페이스북은 사진과 이야기들을 상업화했다.

즉, 플랫폼 기업은 동료생산과 별개의 개념이 아니다. 동료생산의 원리를 상업화하는 데에 성공한 기업이 바로 플랫폼 기업이며, 이들은 웹 2.0을 이끌어 가는 주역이 되었다.

오늘날 플랫폼 기업에서 큐레이션이 차지하는 비중은 가히 절대적이다. 이는 플랫폼의 특성 때문이다. 플랫폼은 다양한 판매자를 수용한다. 판매자가 많아져야 소비자도 덩달아 많아지는 교차 네트워크 외부효과가 발생하기 때문이다. 그래서 플랫폼 기업은 까다로운 검증 절차를 두지 않는다.

PART 3

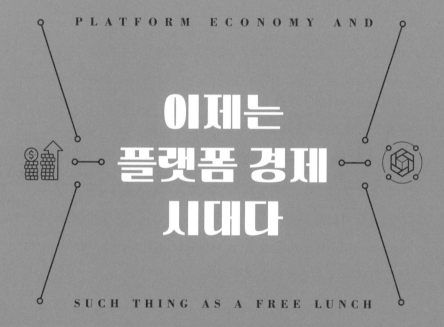

PLATFORM ECONOMY AND

이제는
플랫폼 경제
시대다

SUCH THING AS A FREE LUNCH

플랫폼 시대에 통하는
비즈니스 전략

플랫폼 산업의 구조에 담긴 비밀

플랫폼 경제에서 독점은 일반적인 특징이라고 앞서 설명했다. 네트워크는 점점 더 많은 사람을 플랫폼으로 모여들게 만들고, 플랫폼 기업은 양면시장으로 확대된다. 네트워크 이용자들이 만들어내는 데이터는 상위 플랫폼 기업으로 집중되고, 미래까지 예측할 수 있게 돕는다. 이를 토대로 2위 기업과의 격차를 더욱 벌려 나간다. 즉, 네트워크는 플랫폼 기업의 수익 기반이자, 동종 분야에서 우위를 점거하는 비결이며 독점까지 가능하게 만드는 수단이 된다.

하지만 항상 독점시장이 형성되는 것은 아니다. 때로는 플랫폼 산업도 매우 치열한 경쟁 속에 놓이는 경우가 많다. 신용카드업은 치열한 경쟁에 노출되어 있는 대표적 플랫폼 산업이다. 신용카드사는 소비자와 가맹점을 이어주는 전형적인 양면시장 플랫폼 기업이지만, 고객을 확보하기 위해 서로 치열한 경쟁을 벌이고 있다. 현재 우리나라의 신용카드 시장점유율 1위는 신한카드(21.25%)이지만 삼성카드(18.30%), KB국민카드(17.64%), 현대카드(16.31%)가 그 뒤를 바짝 쫓고 있다.

플랫폼 산업에서 신용카드 시장이 치열한 경쟁을 벌이는 이유는 무엇일까? 이는 소비자 입장에서 여러 신용카드를 동시에 사용하는 것이 이득이 되기 때문이다. 소비자들은 하나의 카드에 구속되지 않는다. 신용카드의 연회비가 매우 비싼 것도 아니고, 여러 장의 신용카드를 소지하는 데에 불편함이 뒤따르는 것도 아니다. 게다가 카드 가맹점들도 여러 신용카드를 받고 있기 때문에 하나의 카드만 사용할 이유가 없다. 오히려, 신용카드를 고루 사용하면 신용카드사가 제공하는 다양한 할인혜택을 누릴 수 있다. 그렇기에 신용카드사는 한 명의 고객이라도 더 확보하고자 플랫폼 시장에서 다양한 혜택과 우대 경쟁을 벌인다.

사람들이 다양한 플랫폼을 동시에 이용하는 현상을 '멀티호밍 multi-homing'이라고 부른다. 여러multi 채의 집home을 두고 자유롭게 돌아다닐 수 있다는 뜻이다. 멀티호밍이 나타나는 산업에서는 여러 플랫폼이 공존하는 구조가 형성된다. 플랫폼과 플랫폼이 만나 경쟁하는 시장이 만들어지는 것이다. 이런 경우에는 플랫폼 기업이라고 하더라도 승자독식이 불가능하다.[1]

멀티호밍 현상은 플랫폼 '유지비용'이 낮을 때에 발생한다. 신용카드의 경우 연회비(유지비용)가 매우 저렴하기에 소비자가 여러 카드를 동시에 사용하더라도 부담이 없다. 플랫폼에서 다른 플랫폼으로 갈아탈 때 '전환비용'이 거의 없는 경우에도 멀티호밍이 발생한다. 만약, 플랫폼을 갈아타는 데에 엄청난 위약금이 부과된다면 멀티호밍은 이루어지기 어렵다.

| 표3-1 | 싱글호밍과 멀티호밍

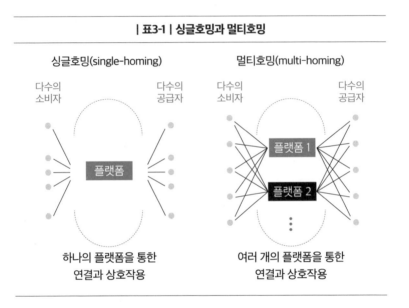

멀티호밍이 쉬운 또 다른 플랫폼 산업에는 쿠팡, 지마켓, 네이버쇼핑과 같은 쇼핑 플랫폼들이 있다. 소비자는 가격만 착하다면 쿠팡이든, 지마켓이든, 네이버든 상관하지 않는다. 여러 사이트에 가입해 가장 가격이 저렴한 플랫폼을 찾아갈 뿐이다. 여러 플랫폼을 가입해도 가입비용이 추가로 들지 않으며, 다른 플랫폼을 사용한다고

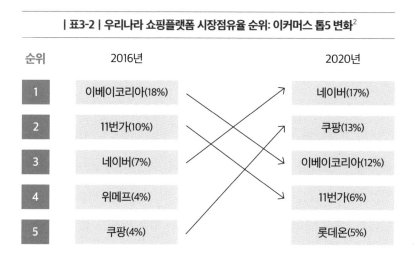

| 표3-2 | 우리나라 쇼핑플랫폼 시장점유율 순위: 이커머스 톱5 변화[2]

순위	2016년	2020년
1	이베이코리아(18%)	네이버(17%)
2	11번가(10%)	쿠팡(13%)
3	네이버(7%)	이베이코리아(12%)
4	위메프(4%)	11번가(6%)
5	쿠팡(4%)	롯데온(5%)

※이베이코리아는 G마켓·옥션·G9 합산   자료:교보증권

해서 위약금이 부과되는 것도 아니다. 그 결과, 우리나라의 쇼핑 플랫폼 기업들은 네이버와 쿠팡을 필두로 12~17% 수준의 비슷비슷한 시장점유율을 보이고 있다.

우리나라와 달리 미국의 이커머스e-Commerce 시장은 아마존의 독주가 두드러진다. 아마존은 미국의 이커머스 시장에서 38%의 점유율을 차지하고 있다. 2위 월마트(5.8%), 3위 이베이(4.5%)에 비해 엄청난 격차다. 그렇다면 아마존은 어떻게 멀티호밍의 성향이 강한 쇼핑 플랫폼 시장에서 지배적인 자리를 차지했을까?

그 비결은 아마존의 '차별화된 서비스'에 있다. 철저한 박리다매 전략으로 저렴한 가격을 제시했으며, 아마존 프라임 서비스를 통해 배송기간도 혁신적으로 단축했다. 무료배송과 '묻지마 반송' 시스템도 일찍부터 구축했다.[3] 고객의 리뷰를 토대로 상품에 대한 신뢰성 있는 가이드를 제공하는 것도 아마존의 장점이다. 철저한 차별화와 끊임없는 변화를 통해 스스로 '싱글호밍single-homing'의 이커머스 시장을 만든 것이다.

반면 본래부터 멀티호밍이 형성되기 어려운 시장도 있다. 스마트폰 시장이 그렇다. 대부분의 사람은 굳이 2개, 3개의 스마트폰을 가지고 다니지 않는다. 통신요금이나 단말기 가격이 부담스럽기도 하거니와, 여러 대의 스마트폰에서 얻을 수 있는 혜택도 없다. 소비자들은 여러 제품을 동시에 사용하는 것이 아니라, 친숙한 한 가지 제품에 안주하려 한다. 그로 인해 스마트폰 시장은 신용카드나 쇼핑 플랫폼과는 달리 멀티호밍(여러 대의 기기)을 유지하는 데에 많은 비용이 든다. 스마트폰의 운영체제가 구글의 안드로이드와 애플의 iOS라는 두 가지 종류로 고착화된 현상을 보면 이러한 플랫폼의 특성을 이해할 수 있다.[4]

멀티호밍이 어렵다는 것은 후발주자에게 불리하다는 것을 의미한다. 싱글호밍 환경에서 사람들은 기존의 플랫폼에 안주해 시장의 집중도를 높이는 특성이 있기 때문이다. 마이크로소프트[MS]가 후발주자로서 안드로이드와 애플이 양분하고 있는 스마트폰OS 시장에 뛰어든 적이 있다. 2010년, 윈도우폰Windows Phone이라는 OS를 출시한 것이다. 그러나 소비자들은 냉정했다. 멀티호밍이 어려웠던 스마트폰 시장에서 후발주자인 마이크로소프트가 끼어들 자리는 없었다. 마이크로소프트는 휴대폰 제조업체인 노키아까지 인수했으나, 윈도

우폰의 판매량은 부진을 면치 못했다. 결국 미국 시장점유율 0.01%에 그쳤던 마이크로소프트는 2019년 모바일 OS에서 손을 떼게 된다. 이것이 바로 '싱글호밍'과 '멀티호밍'의 힘이다. 플랫폼 시장을 독점 구도로 가느냐, 경쟁 구도로 가느냐를 결정하는 보이지 않는 손이다.

플랫폼 시대에 맞는 경영 전략 노하우

기업 경영 전략도 플랫폼 시대를 맞아 변화할 수밖에 없다. 과거 '파이프라인 산업'(pipeline business, 전통적 기업을 플랫폼 기업과 대비해서 부르는 말)에서 통하던 경영 전략은 플랫폼 경제에서 경쟁력을 잃어가고 있다.

파이프라인 산업이 지배하던 시대에는 제품을 ①더 싸게 만들거나(원가절감), ②경쟁자와 다르게 만들거나(차별화), ③특정 소비자만을 겨냥하는(집중화) 전략이 대세였다. 예를 들어 삼성전자가 더 많은 자본을 끌어와 더 큰 갤럭시 스마트폰 제조공장을 짓고, 대량생산 체제를 갖추는 것이다. 여기에 더해 고객들의 니즈를 분석하고, 새로운 스마트폰을 애플이나 샤오미보다 더 빠르게 출시하는 전략이었다.

그러나 플랫폼 경제에서 중요한 경영 전략은 소비자들의 '멀티호밍을 막는 것'이다. 다른 플랫폼을 통한 소비자의 상품 구매를 막고, 자사 플랫폼을 통해서만 연결되도록 하는 것이 플랫폼 기업들의 최

우선 전략이다. 고객들이 다른 플랫폼으로 이탈하는 것을 막아 독점력을 유지하려는 것이다.

앞서도 언급했지만 아멕스카드 강제사용 의무 부과^{Anti-Steering}는 소비자들의 멀티호밍을 막기 위한 전형적인 전략이었다. 아멕스카드는 선발주자였던 비자카드와 마스터카드를 따라잡기 위해 가맹점에 아멕스카드 사용을 강요했으며, 이후 비자와 마스터카드도 유사한 강제사용 전략을 도입했다. 이는 가맹점이 특정 카드만을 취급하도록 강제하여, 플랫폼 간 대결에서 우위를 잡겠다는 전략이다.

애플도 안드로이드 견제를 위해 멀티호밍을 적극 저지한 바 있다. 2010년 스티브 잡스^{Steve Jobs}는 어도비^{Adobe}사의 '플래시^{Flash}' 프로그램을 지원하지 않겠다고 발표했다. 본래 플래시는 인터넷에서 애니메이션을 보여주는 프로그램이었다. 우리나라에도 2000년대 초반 졸라맨, 마시마로, 우비소년 같은 애니메이션이 플래시로 만들어졌으며, 이후에는 간단한 게임을 구동하는 도구로도 사용되었다. 2000년대 초반만 하더라도 인터넷 브라우저의 성능이 좋지 못해 플래시와 같은 프로그램의 도움을 받았다. 그렇다면 왜 애플은 굳이 플래시를 아이폰에서 지원하지 않겠다는 결정을 내렸을까?

애플이 플래시를 금지한 표면적 이유는 안정성과 보안 문제였다. 스티브 잡스는 2010년 '플래시에 대한 생각^{Thoughts on Flash}'이라는 장문의 편지를 애플 홈페이지에 게재했다. 플래시가 보안과 안정성이 좋지 않고 기기 성능이 저하된다는 이유로 지원 불가 결정을 내렸다는 것이다.

하지만 스티브 잡스가 플래시를 거부한 진짜 이유는 따로 있었다. 바로 플래시가 멀티호밍 현상을 부추기는 프로그램이었기 때문이다. 플래시는 기기를 가리지 않고 작동하는 프로그램이다. 애플, 안드로이드, 맥, 윈도우를 가리지 않고 플레이된다. 한마디로, 플래시로 만든 콘텐츠는 애플뿐 아니라 안드로이드를 비롯한 다른 기기에서도 구동이 된다. 따라서 플래시를 통해 만들어진 앱은 아이폰만의 특수성을 없애버리는 셈이었다.[5] 이는 애플이 만들어온 고유한 생태계를 위협하는 도전이었다. 그래서 잡스는 표면적으로 보안 문제를 내세워 플래시 프로그램을 거부했지만, 속내는 다른 플랫폼의 부상을 막겠다는 것이었다.

쿠팡도 다른 플랫폼의 부상을 막기 위해 장벽을 친 적이 있다. 2016년, 쿠팡은 네이버에서 쿠팡의 상품이 검색되지 않도록 상품 데이터를 제공하지 않았었다. 언뜻 보면 이해가 되지 않는 결정이다. 네이버 검색을 통해 쿠팡으로 유입되는 소비자도 많을 텐데, 이를 차단해 버렸다니 말이다. 쿠팡의 이러한 의사결정 이면에는 네이버라는 초대형 플랫폼에 대한 견제가 숨어 있었다. 네이버가 쇼핑 시장의 플랫폼이 되는 것을 막고, 쿠팡 스스로 플랫폼이 되어 직접 고객을 모집하겠다는 전략이었다. 당장은 네이버를 통한 고객 유입이 감소하더라도, 네이버와 쿠팡으로 양분되어 있는 상품검색 시장의 멀티호밍을 막겠다는 의도였다.[6]

쇼핑 플랫폼과 검색 플랫폼의 경쟁은 쿠팡과 네이버 사이에서만 벌어지는 일이 아니다. 구글은 검색 시장의 최대 라이벌로 '아마존'을 지목하고 있다. 사용자가 구글을 거치지 않고 바로 아마존에 접속하여 쇼핑을 한다는 이유에서다.[7] 알리바바Alibaba와 텐센트Tencent도 중국 검색포털 사이트 바이두Baidu에서 자사의 제품정보가 노출되는 것을 차단했다. 고객이 이탈하여 경쟁 플랫폼이 하이퍼플랫폼(hyper-platform, 플랫폼의 플랫폼)이 되는 현상은 반드시 막겠다는 의도이다.

무한대로 펼쳐진 플랫폼에서 벌이는 무한 경쟁

앞서 유튜브 같은 플랫폼 사이트들은 지극히 개인화된 공간이 되었다고 설명했다. 자신이 어떤 콘텐츠에 관심이 있는지를 생생히 보여줄 뿐만 아니라, 고민거리나 정치 성향도 알려준다. 플랫폼이 개인의 취향과 관심을 파악하고 비추어주는 거울과 같은 존재가 된 것이다. 요즘은 경찰의 범죄 수사에도 용의자가 이용한 플랫폼 검색기록을 반드시 점검한다. 범행 동기, 범행 방법 등에 대한 범죄자의 생각들이 플랫폼에 담겨있기 때문이다.

플랫폼이 개인의 성향을 분석하고, 취향에 맞춘 콘텐츠를 우선 노출시키는 것을 '큐레이션Curation'이라고 한다. 큐레이션은 본래 미술관에서 기획자가 우수한 작품을 뽑아 전시하는 행위를 가리키는 단어였지만, 이제는 플랫폼 기업이 소비자에게 맞춤형 서비스를 제공하는 작업을 지칭하는 의미로도 사용되고 있다.

큐레이션은 이미 오래전부터 기업의 중요한 활동 중 하나였다. 이마트가 상품을 보기 좋게 진열하는 일, 책을 보기 좋게 디자인하고 편집하는 일, 신문사가 중요한 뉴스를 골라내어 1면에 배치하는 일은 판촉수단의 일환이지만 소비자에게 더 좋은 상품을 전달하기 위한 큐레이션 작업의 일종이다. 개인도 큐레이션 활동을 한다. 스마트폰으로 찍은 수많은 사진 중 가장 잘 나온 사진을 골라내고, 메신저 프로필로 올린다. 사진 옆에는 멋진 글도 곁들인다. 이것 또한 자신을 잘 표현하려는 큐레이션 활동이다.

오늘날 플랫폼 기업에서 큐레이션이 차지하는 비중은 가히 절대적이다. 이는 플랫폼의 특성 때문이다. 플랫폼은 다양한 판매자를 진입시켜, 규모를 키우는 것이 우선이다. 판매자가 많아져야 소비자도 덩달아 많아지는 교차 네트워크 외부 효과가 발생하기 때문이다. 그래서 플랫폼 기업은 까다로운 검증 절차를 두지 않는다.

이마트는 까다롭게 상품을 선별해 판매하지만, 쿠팡에서는 누구든 상품을 판매할 수 있다. 그로 인해 수많은 판매자가 플랫폼에 모여들고, 천차만별 다양한 상품들이 거래된다. 플랫폼 기업이 제공하는 상품의 범위 또한 파이프라인 기업의 수준과 완전히 다르다. 이들이 판매하는 상품의 종류는 무한대에 가깝다. 아마존은 한국의 농기구인 호미와 낫도 판매 중이며, 유튜브에서는 전문적인 영상 제작 업체뿐만 아니라 어린아이들까지 콘텐츠 공급자로 활동하고 있다.

| 표3-3 | 아마존에서 판매되고 있는 한국의 호미와 목장갑

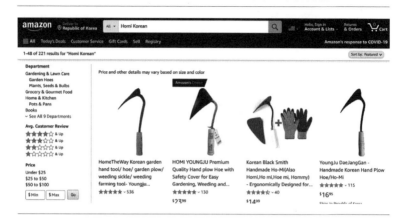

이러한 상품의 홍수 속에서 소비자가 필요로 하는 콘텐츠를 정확하고 빠르게 제공하고, 구매한 물건을 얼마나 신속하게 배달하느냐의 문제는 플랫폼 기업의 중요한 역량이 되었다. 더불어 넷플릭스, 쿠팡, 야놀자, 에어비엔비 등 플랫폼은 개인화된 서비스를 제공하는 것을 기본 영업 전략으로 삼는다. 때로는 기업이 가진 큐레이션 역량이 플랫폼 기업 간 경쟁의 판도를 바꾸기도 한다.

구글은 큐레이션 역량만으로 전 세계 검색시장을 정복했다. 야후^{Yahoo}, 라이코스^{Lycos}가 지배하던 검색시장에 후발주자로 구글이 등장했지만, 현재는 전 세계 검색량의 90%를 차지하는 거대 공룡이 되었다. 구글의 성공비법은 '검색 역량'이다. 검색어를 입력했을 때 사용자가 원하는 가장 정확한 정보를 찾아 보여준다. 이 작업은 생각보다 단순하지 않다. 검색어가 포함된 웹페이지를 찾아내는 작업은 어렵지 않지만, 수많은 페이지 중 어떤 페이지를 상단에 노출시킬 것인지를 결정하는 것은 결코 쉬운 작업이 아니다. 가장 적절하고 신뢰성 있는 웹페이지를 골라내야 하기 때문이다.

구글이 웹사이트를 큐레이션하는 비결은 바로 '링크'에 있다. 링크는 특정 웹페이지로 바로 넘어가기 위한 주소를 말한다. 구글은 특정 웹페이지를 가리키고 있는 링크가 많다면, 그 웹페이지는 신뢰도 높은 정보를 담고 있을 가능성이 크다고 보았다. 많은 페이지에 인용될수록 신뢰성을 부여하는 검색어 처리방식을 '페이지랭크Page Rank' 알고리즘이라 하는데 구글은 이를 활용했다. 그리고 링크가 많이 걸려 있는 순서대로 검색 결과를 큐레이팅해 이용자에게 제공했다.

이 방식은 보기 좋게 먹혀들었다. 정확도에 승부를 건 구글은 수많은 데이터 중 정확한 정보를 골라내서 배달하는 큐레이션 역량을 통해 후발주자이지만 검색시장의 판도를 바꾼 것이다.

추격당하는 데는 이유가 있다

개인차량으로 택시업을 하는 '차량공유 서비스'는 우리나라에서는 아직 불법 서비스다. 하지만 미국을 비롯한 세계 각국에서는 승용차가 택시를 대체할 수 있을 만큼 보편화되었다. 우리가 카카오택시 앱으로 택시를 부르듯, 미국에서는 우버Uber나 리프트Lyft 앱으로 일반 승용차를 부를 수 있다. 이 산업의 선두주자가 우버다. 2009년 창립한 우버는 현재 전 세계 600여 개 도시에서 서비스를 제공하고 있다. 한때 시장을 90% 이상 장악했으며, 지금도 기업 가치가 110

조 원에 달한다.

그런데 이 우버에 도전장을 던진 기업이 있다. 바로 '리프트Lyft'이다. 리프트는 우버보다 3년 늦게 차량 공유시장에 뛰어들었지만 성장세는 매섭다. 빠르게 우버를 추격하여 지금은 약 30%의 시장을 차지하고 있다. 우버가 리프트에게 시장을 빼앗기는 데에는 여러 이유가 있다. 우선, 우버에는 최근 악재가 많았다. 우버 사내에서 성추행 스캔들이 터졌고, 트럼프 대통령을 지지하다 이민자들의 반감을 사기도 했다. 또한 불법영업을 숨기기 위해 비밀 소프트웨어를 사용했다는 의혹도 받았다. 그러나 무엇보다 강력한 추락 원인은 우버가 양면시장 플랫폼으로서 승객과 운전자를 균형 있게 관리하지 못한 데 있다.

우버는 승객을 우선으로 생각했다. 운전자는 언제든지 갈아 끼울 수 있는 톱니바퀴 정도로만 여겼다. 조만간 자율주행 기술이 상용화되면 운전자는 선택사항인 부품에 불과하다는 계산이었다. 그래서 이용객들에게 값싼 가격을 제시하기 위해 운전자들이 팁을 받지 못하게 막았으며, 임금 등 운전자에 대한 처우에도 인색했다. 또한 차량을 제공하는 대가로 높은 이자를 받기도 했다.[8]

이러한 우버의 경영방침에 운전자들은 반발했다. 우버 운전자들 2/3는 6개월 내에 다른 플랫폼으로 떠났다. 처우개선을 요구하며 세계 곳곳에서 항의 시위를 벌이기도 했다.[9] 이러한 우버의 전략은 결과적으로 이용객의 이탈을 초래했다. 운전자가 부족한 상황에서 차량 배정이 순조롭게 진행되지 않았다. 차량을 기다리는 시간이 길어지자 이용객들의 불만은 높아졌다. 이는 결국 '리프트'라는 다른 플랫폼으로 이탈하게 되는 원인이 되었다. 운전자의 이탈이 승객까지 감소시키는 부정적 교차 네트워크 외부 효과가 나타난 것이다.

| 표3-4 | 우버와 리프트의 경영 전략의 차이

	우버(Uber)	리프트(Lyft)
포지셔닝	고급 서비스	저렴한 택시
팁	불가능(다만, 2017년 이후 허용)	허용
임금	시간당 약 $10	동일, 운전자들의 연료비 보조
승용차가 없는 운전자의 경우	차량을 지급하고 20% 수준의 이자 수취	자동차보험을 포함해 주당 $180~$250 렌터카 운영

리프트는 우버의 이런 빈틈을 공략했다. 운전자가 팁을 받을 수 있도록 했으며, 연료비까지 지원하여 운전자의 부담을 덜었다. 차에 문제가 생기면 무료로 정비를 해주는 서비스센터를 운영하고, 사고가 나면 보험상담도 해주었다. 리프트는 운전자들을 부품이 아니라 동료로 대접한 것이다.

많은 경영학자는 리프트가 급부상한 원인으로 다양한 원인을 지목한다. 친근한 브랜드, 승객들의 불안감 해소, 저렴한 가격, 까다로운 운전사 자격요건 등이다.[10] 그러나 양면시장의 관점에서 보자면 플랫폼 양측을 형성하는 이용객과 운전자 두 집단을 균형있게 관리하여 교차 네트워크 외부 효과를 창출해낸 결과이다.

글로벌 플랫폼,
패권 전쟁은 시작됐다

기업 경쟁에서 국가 대립으로 번진 플랫폼

싱글호밍의 성향이 강한 플랫폼 기업은 승자독식의 시장이 된다. SNS는 대표적인 예로, 메시지를 주고받는 카카오톡, 일상을 공유하는 페이스북, 사진을 공유하는 인스타그램이 있다. 하나의 플랫폼으로 지역에 상관없이 수많은 친구와 연결되기 때문에 SNS 시장은 후발주자에게 매우 가혹할 수 있다. 차별화된 전략으로 기존 업체의 틈새시장을 공략하지 않는 이상, SNS 시장에 후발주자들이 끼어들 틈은 거의 없다.

문제는 승자독식의 경쟁 구조가 한 국가 내에서만 일어나는 것이 아니라, 전 세계에 걸쳐 나타난다는 것이다. 글로벌 플랫폼 패권 경쟁에서 이긴 기업은 전 세계를 장악할 가능성이 높다. 마치 마이크로소프트가 전 세계 컴퓨터 운영체제 시장을 정복한 것처럼 말이다. 매달 24억 명이 넘는 지구촌 사람들이 페이스북을 사용하고, 10억 명이 넘는 사람들이 인스타그램을 사용한다.[11] 세계의 많은 국가에서 와츠앱WhatsApp과 페이스북 메신저Facebook Messenger가 메시징앱으로 사용된다. 검색에서는 전 세계 90% 이상이 구글을 활용한다. 이렇게 플랫폼 전쟁에서 승리한 기업의 네트워크가 전 세계를 뒤덮어 버렸다.

| 표3-5 | 각국별 1위 메신저앱 : 와츠앱과 페이스북 메신저의 강세[12]

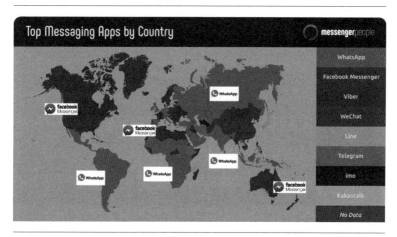

플랫폼 경쟁을 피하는 방법이 있을까. 법으로 플랫폼 기업의 진입을 막거나, 영업을 금지하는 것이다. 우리나라에서는 우버가 불법이다. 정식 택시가 아닌 승용차로 택시 영업을 하는 것은 여객자동차 운수사업법 제81조(자가용 자동차의 유상운송 금지)에 위반되기 때문이다. 그로 인해 미국에서 제공되는 우버 서비스는 우리나라에 진출하

지 못했다. 대신, 우버는 우리나라에서는 약간 변형된 '우버택시' 서비스를 개시했다. 승용차가 아니라 이용객과 택시를 연결해주는 카카오택시와 같은 영업모델을 채택한 것이다.

중국은 인터넷에 만리장성을 세워 버렸다. 미국과 중국 사이에는 무역전쟁만이 벌어지고 있는 것이 아니라, 플랫폼 전쟁도 벌어지고 있다. 중국은 자국의 플랫폼 생태계를 보호하기 위해 '만리방화벽 Great Firewall of China'이라는 거대한 인터넷 차단벽을 세웠다. 해외 인터넷 접속을 차단하고, 국경을 넘어가는 인터넷의 속도를 떨어뜨리기도 한다.[13] 구글, 페이스북, 유튜브, 클럽하우스 사이트 접속도 불가능하다. 또한 뉴욕타임스, 월스트리트저널, 가디언, BBC 등의 주요 외신들도 차단했다.[14] 한국의 카카오톡, 다음, 네이버 블로그도 차단되어 있기는 마찬가지다. 게다가 달라이 라마, 천안문 사태, 위구르처럼 인권이나 민주주의와 관련된 검색어는 걸러내고 있다. 체제 안정에 위협이 될 수 있는 인터넷 서비스를 원천 봉쇄하겠다는 의도이다.

구글의 전 CEO 에릭 슈미트 Eric Schmidt는 인터넷이 두 개로 나누어질 것이라 예견했다.[15] 하나는 미국이 주도하는 '자유버전 인터넷'이며, 다른 하나는 중국이 주도하는 '검열버전 인터넷'이다. 중국식 인터넷이 또 하나의 표준이 될 것이라 예측하는 데에는 중국의 '세계화' 전략 때문이다. 중국은 일대일로一帶一路라고 불리는 중국식 세계화 전략을 추진하고 있다. 아프리카, 동남아, 유럽지역에 자금을 투자하고, 중국식 경제모델을 전파하는 프로젝트이다. 이 과정에서 아프리카 여러 개도국이 중국식 검열버전 인터넷 모델을 표준 모델로 도입할 수 있다고 우려한다.

미국의 플랫폼 기업들은 중국의 인터넷 만리장성을 뚫기 위해 많은 노력을 기울였다. 그러나 중국 정부의 인터넷 규제, 문화적 장벽, 그리고 보호막 안에서 무럭무럭 자라난 중국의 카피캣에 의해 번번이 좌절되었다. 구글은 2002년 중국에 진출하여 2004년부터 중국판 구글뉴스 서비스를 시작했다. 이에 중국 정부는 정치적·종교적으로 민감한 문구의 검색을 금지시켰다. 그 사이에 중국산 검색엔진 바이두의 점유율은 점차 높아졌다. 결국, 구글은 2010년 중국 본토 내의 사업을 접었다. 페이스북도 마찬가지다. 중국에 자회사를 세우기 위해 노력하고 있으나, 중국 정부는 허가를 승인하지 않고 있다.[16]

중국이 쌓아 올린 디지털 만리장성 속에서 중국의 토종 플랫폼 기업들은 빠르게 성장했다. 메신저는 '위챗WeChat', SNS는 '웨이보Weibo', 검색은 '바이두Baidu'이다. 틱톡TikTok은 만리장성의 보호 아래 글로벌 슈퍼스타 플랫폼으로 성장했다. 15초에서 1분 이내의 짧은 동영상을 제작하여 공유하는 동영상 플랫폼계의 트위터다.

틱톡의 성공비결은 인터넷 밈meme 문화에 익숙한 MZ세대의 취향을 제대로 읽어낸 데에 있다. 젊은 세대들은 짧은 동영상 소통에 열광했다. 2021년 현재, 틱톡의 전 세계 이용자 수는 약 7억 명이며, 미국에서만 1억 2,000만 건이 넘는 다운로드 수를 기록했다.[17] 플랫폼 제국이었던 미국도 중국이 만든 플랫폼의 지배를 받는 시대가 온 것이다.

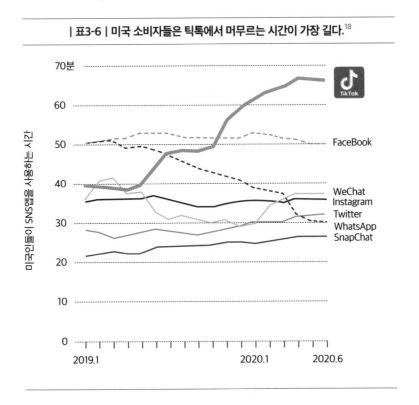

| 표3-6 | 미국 소비자들은 틱톡에서 머무르는 시간이 가장 길다.[18]

미국의 플랫폼 규제와 정책

미국 정부도 중국산 플랫폼의 성장을 지켜만 보고 있을 수는 없었다. 특히, 성장세가 매서웠던 틱톡은 미국 입장에서 눈엣가시였다. 틱톡이 급성장을 거듭하자, 트럼프 전 대통령은 틱톡의 성장세에 제동을 걸었다. 틱톡의 미국 사업체를 미국기업에 매각하라는 행정명령을 내린 것이다. 매각 명령의 근거는 미국 국민의 개인정보 보호와 안보 문제였다. 틱톡이 중국 공산당에 데이터를 제공하고 있다는 의혹이 제기되었기 때문이다. 트럼프는 매각이 이루어지지 않을 경우 틱톡 '다운로드 금지'라는 초강수도 두었다. 그러나 미국 정부의 틱톡 때리기는 오래가지 못했다. 이에 반발한 틱톡이 미국법원에 다운로드 금지명령을 중단시켜줄 것을 요청했고, 미국법원도 틱톡의 손을 들어주었기 때문이다.[19] 이후 틱톡의 매각은 마이크로소프트, 오라클과 지지부진하게 협상이 진행되었으나, 새로 들어선 바이든 행정부가 미중 관계 개선을 위해 틱톡 매각 명령을 중단시켰다.[20] 이에 틱톡도 매각 협상 중단을 선언하게 됐다.

틱톡과 달리 미국의 '화웨이 때리기Huawei Ban' 정책은 바이든 행정부도 고수하고 있다. 2019년 트럼프는 중국 최대 통신장비업체인 화웨이와 미국 기업의 거래를 금지시켰다. 화웨이 역시 안보 문제에서 자유롭지 않기 때문이다. 미국은 화웨이가 민간기업의 탈을 쓴 중국 정보기관이라 본다. 각국 통신망에 심은 백도어(Backdoor, 비밀경로)를 통해 기밀정보를 중국 공산당에 제공한다는 의혹을 가지고 있다.[21]

미국의 화웨이 거래 금지 정책에는 안보 문제뿐 아니라, 향후 벌어질 플랫폼 패권 경쟁에서 우위를 점하겠다는 전략적 의도가 숨어 있다. 화웨이는 차세대 통신기술인 5G 장비 시장에서 세계 1위(35.3%)의 업체다. 5G 기술 수준도 미국을 추월했다는 평가가 나오면서 미국의 심기를 건드리고 있다. 5G 기술은 향후 플랫폼 시장에서 매우 핵심적인 기술이다. 자율주행차, 사물인터넷, 클라우드 등 향후 새롭게 등장할 플랫폼 사업은 5G 기술을 바탕으로 작동된다. 그래서 미국은 화웨이를 견제할 수밖에 없다. 중국의 기술굴기를 견제하여 차세대 플랫폼 패권 경쟁에서 우위를 장악하겠다는 미국의 숨은 의도가 엿보인다.

비록 중국에서 사업을 접기는 했지만, 구글도 최근까지 중국 시장 공략을 위해 노력해 왔다. 세계 인구의 20%에 달하는 중국시장은 포기하기엔 너무도 큰 시장이었다. 그래서 중국시장에서 물러난 이후에도 중국의 검열 규정을 준수하는 검색엔진 '드래곤플라이dragonfly'에 착수했다. 천안문 사태, 위구르 사태와 같은 민감한 주제를 효과적으로 걸러주는 검색엔진을 개발해 중국에 다시 진입하고자 한 것이다. 그러나 이 프로젝트는 감시국가에 일조한다는 비난을 받았다. 국제엠네스티 등 인권단체는 언론의 자유를 억압하고 정보를 통제한다는 문제를 제기했다. 결국 2019년 구글은 이 프로젝트를 완전히 중단했다.

금융네트워크가
금융네트워크를 만났을 때

일상에 스며든 금융네트워크

오늘날 네트워크는 모든 곳에서 이루어진다. 필수재가 되어 버린 전기와 통신은 네트워크를 통해 공급되는 상품이며, TV와 라디오도 네트워크 산업이다. 스마트폰이나 자동차를 생산하기 위해서도 국제적 협업 네트워크global value chain가 필요하다. 정치, 금융, 노동운동, 환경운동도 국내외적 네트워크로 연결되어 있다. 심지어 냉장고와 TV와 같은 사물도 네트워크로 연결된다. 비약적으로 생각해 보자면 언젠가는 사람들의 두뇌도 네트워크로 연결될지 모른다.

현대사회에서 네트워크를 성공적으로 활용한 산업은 금융이다. 금융은 네트워크를 통해 우리의 삶을 풍요롭게 만들며 성장했다. 오늘날 사람들이 자유롭게 해외여행을 가거나, 외국에서 공부할 수 있게 된 데에도 금융이 기여한 바가 크다. 은행 네트워크를 통해 해외 계좌로 학비나 생활비를 송금하고, 여행지의 레스토랑에서 식사하고 신용카드로 결제할 수 있는 것도 VISA 네트워크로 연결되어 있기 때문이다.

금융 네트워크의 특징은 금융과는 무관해 보이는 지극히 사적인 영역까지 가지를 뻗어 들어간다는 것이다. 모세혈관처럼 우리 일상 곳곳에 스며들어 있어 이제 금융이 없는 삶은 상상조차 어렵다. 은행과 신용카드가 사라진다면 편의점에서 물건을 구입하는 것부터 당장 불편을 겪게 된다. 이처럼 일상생활이 금융의 지배를 받게 되는 현상을 '경제의 금융화financialization'라고 한다.[22]

이제 우리는 금융 네트워크가 만들어 놓은 감시망을 피해갈 수 없다. 매일 은행을 가지 않더라도, 주식이나 펀드 투자에 관심이 없더라도, 보험에 한 번도 가입해 본 적이 없더라도, 우리는 모두 금융이 만들어 놓은 세계 속에서 살고 있다.

1. 금융회사는 당신의 사소한 일상을 감시한다. 당신이 이번 달 핸드폰 요금을 연체할지의 여부에 관심이 높다. 핸드폰 요금을 성실히 납부할 것이라는 가능성을 바탕으로 투자상품을 만들었기 때문이다. 당신이 요금을 성실히 낼 것이라는 가능성에 이미 많은 사람들이 투자했다.

2. 금융회사는 당신을 점수로 평가한다. 얼마나 많은 빚을 냈는지, 수도

요금, 전기요금을 제대로 내고 있는지, 밀린 세금은 없는지 따져 당신의 점수를 산정한다. 이 점수를 신용점수라고 부른다.

3. 당신도 모르는 사이에 보험료를 내고 있다. 오늘 마셨던 커피값에도 보험료가 포함되어 있다. 뜨거운 커피에 화상을 입을 위험, 카페 직원에 대한 상해보험료, 손해보험료, 고용보험료 등이 커피값에 이미 포함되어 있다.

4. 금융의 도움은 필수가 되었다. 집이나 자동차를 사기 위한 '영끌', '빚투'라는 단어가 낯설지 않다. 그만큼 은행도 문턱을 낮추고 쉽게 대출해 주고 있다.

5. 우리는 매일 빚을 만들고 있다. 슈퍼에서 신용카드로 물건을 사는 것은 한 달 후 만기가 도래하는 대출을 받는 행위다. 또한 3개월 할부로 물건을 구입했다면, 이는 만기 3개월짜리 분할상환 대출을 받은 것이다.

협력과 공생을 선택한 금융네트워크

금융이 네트워크로 연결될 수밖에 없는 이유는 금융업의 본질에 있다. 다른 산업과 달리 금융시장은 국가별로 특징이 파편화되어 있다. 나라마다 금융 제도와 사용하는 화폐, 금융 인프라가 다르기 때문이다. 그로 인해 금융회사는 각국의 금융 법규에 맞추어 설립되고 나라마다 각기 다른 모습으로 운영된다. 소비자 측면에서도 시장이 분절되어 있기는 마찬가지다. 공산품과 달리 금융서비스는 쉽게 구입할 수 있는 상품이 아니다. 한국에서도 아마존을 통해 노트북과 스마트폰을 쉽게 구할 수 있지만, 미국 은행의 계좌를 개설하는 것은 한국에서 불가능하다.

따라서 금융산업에서는 토종 브랜드가 강세를 띠는 경향이 나타난다. 전자제품의 경우에는 애플과 삼성이 전 세계를 휩쓸고 있지만, 금융산업에서는 글로벌시장을 싹쓸이하는 회사를 좀처럼 찾기 어렵다. 금융산업이 토종 브랜드 중심으로 구성되자, 사람들은 금융회사 간에 정보와 자원을 주고받을 수 있는 금융 네트워크를 꿈꾸게 되었다. 우리의 생활권역은 전 세계적으로 확장되었는데, 금융만 특정 지역에 묶여 있기 때문이다. 사람들의 경제활동 반경이 국경을 넘나들기 시작하자, 필연적으로 돈도 국경을 자유롭게 넘나들어야 했다. 사람들은 해외로도 자금을 주고받기를 원했으며, 해외에서도 문제없이 신용카드를 사용하고 싶다는 요구가 팽배해졌다.

이 문제를 해결하기 위해 네트워크와 네트워크 간의 연결이 필요했다. 한국의 금융 네트워크를 미국의 금융 네트워크와 연결하는 것이다. 이렇게 서로 다른 네트워크와의 연결을 통해 네트워크를 점차 확장하는 전략을 '네트워크 브릿징Network Bridging'이라고 한다. 네트워크 간 네트워킹이다. 서로 다른 네트워크에 연결되면 플랫폼은 더욱 성장한다. 금융은 이를 200% 활용했다. 미국 은행과 연결된 한국

은행이 제공할 수 있는 서비스의 범위는 차원이 다르다. 금융회사들은 이러한 네트워크 브릿징을 통해 공생하며 전체 네트워크의 가치를 키워 상생하는 방법을 찾은 것이다.

그런데 전 세계적 금융 네트워크를 구축하는 데에는 큰 장애물이 존재했다. 바로 '신뢰'의 문제다. 선진국 은행들은 신흥국가의 은행을 믿지 못했다. 안전하지 못한 은행과 거래하는 것은 위험하다며 경계했다. 특히, 덩치가 갑자기 커진 일본계 은행은 불신의 대상이었다. 1970년대 말부터 일본계 은행들의 국제금융시장 진출이 확대되었지만, 선진국은 일본계 은행들이 위험한 투자에 편중되어 있다고 생각했다.

이런 상호 간의 신뢰 문제를 해결하기 위해서 금융 네트워크는 위계질서를 도입했다. 금융 네트워크에 참여하기 위한 최소한의 자격요건을 만든 것이다. 이 자격요건은 네트워크의 안정성을 유지하는 데 필요한 조치였다. 세계 각국의 은행들이 준수해야 할 통일된 규칙은 바젤은행감독위원회[BCBS]에 의해 만들어졌으며, 은행들이 국제 네트워크에 참여하기 위한 최소한의 합의를 담고 있다. 세계 금융의 질서와 조화를 통해 안정을 꾀하고 효율을 높이는 방식을 택한 것이다.[23]

네트워크가 항상 좋은 아이디어와 좋은 서비스만을 만들어내고 확산시키지는 않는다. 군중의 지혜를 쉽고 빠르게 전달하지만, 대중의 광기와 패닉 또한 쉽고 빠르게 전달한다.[24] 금융 네트워크 또한 마찬가지다. 금융 네트워크가 전 세계로 연결되고 우리 일상 속에 뿌리를 내리자 사람들은 언제 어디서나 금융이 제공하는 편리함을 누릴 수 있게 되었다. 그러나 동시에 문제도 생겨났다. 금융 네트워크가 일상에 침투하자 사람들은 너무 쉽게 금융의 힘을 빌렸고, 그 결과 과도한 '빚'에 시달리는 문제와 마주하게 된 것이다.[25]

거대하게 성장한 금융 네트워크의 양과 음

1. 금융이 경제발전에 끼친 역할

전 세계가 금융 네트워크로 연결된 금융자본주의는 우리 경제에 어떤 영향을 미쳤을까? 이에 대한 평가는 극단적으로 엇갈린다. 하나는 방대한 금융 네트워크가 경제 성장에 기여했다는 시각이고, 다른 하나는 오늘날 금융이 불필요할 정도로 비대해졌다는 금융과잉론too much finance이다. 그러나 일반적으로 많은 사람은 금융이 다음과 같은 원리로 경제발전에 기여했다고 믿는다.

먼저, 금융은 재능이 있는 사람에게 재정을 지원하며 그들에게 기회를 제공한다. 재능을 뜻하는 영어 단어 탤런트talent는 무게를 뜻하는 그리스어 '탈란톤talanton'에서 유래했다. 탈란톤은 성경에서 '달란트'로 번역되는데, 달란트는 그 무게에 해당하는 동전의 가치를 가리키면서 자연스레 화폐 단위가 된다. 즉, 돈(달란트)과 재능(탤런트)은 같은 어원에서 나온 말이다. 한마디로 돈이 곧 재능이다. 아무리 재능이 있더라도 충분한 자본금이 뒷받침되지 않으면 성공할 기회를 잡기 어렵다는 뜻이다. 이때 금융이 재능 있는 사람을 경제적으로 뒷받침을 해주기 때문에 새로운 산업이 탄생하고, 경제가 성장한다. 재능이라는 원재료에 금융이라는 연료를 공급해 사회적 발전을 도모하는 것이다.

금융이 경제를 발전시키는 또 다른 방법도 있다. 자산의 가치를 정확하게 매기는 기능이다. 금융은 모든 자산의 가치를 정확하게 산정하기 위해 존재한다고 해도 과언이 아니다. 가격이 정확하게 매겨져야 더 많은 투자자를 유치할 수 있다. 더불어 경제활동도 원활해진다.

BTS의 소속사인 하이브(빅히트엔터테인먼트)의 가치가 5조 원이라는 것을 명확히 산정해야 이 회사에 투자하는 주주들이 생긴다. 국내 최대 헬스케어 기업 셀트리온의 가치가 52조 원이라는 것이 책정되어야 기업 간의 합병이 가능해진다. 인텔의 반도체 공장이 10조 원의 가치라는 것이 산정되어야 SK하이닉스가 이 공장을 인수할 수 있다. 즉, 금융이 자산의 가격을 정확하게 측정하는 역할을 담당하는 것이다. 가격 책정이 먼저 이루어져야 비로소 경제가 돌아간다. 가격이 결정되어야 투자가 이루어지고 공장이 건설되고, 기업 간의 합병이 이루어진다. 이를 금융의 '가격 발견price discovery' 기능이라 한다.

금융의 가격 발견 기능은 반도체 공장의 가격산정과 같이 기업에만 적용되는 것은 아니다. 우리가 일상적으로 수행하고 있는 주식투자나 비트코인 투자도 가격 발견의 과정이다. 수많은 사람은 각자가 지닌 정보를 토대로 매매차익을 얻기 위해 투자에 참여한다. 이 과정에서 시장가격이 형성된다. 이렇게 형성된 가격은 기업의 경영자가 주식을 더 발행할지, 새로운 공장을 건설할 것인지 등 중요한 의사결정에 영향을 미친다.

2. 만드는 자와 거저먹으려는 자[26]

《파이낸셜 타임스》의 칼럼니스트 라나 포루하는 금융의 파괴적 속성에 주목했다. 직설화법으로 금융가들을 '거저먹는 자'[Takers]라고 썼다. 경제에 실질적 도움을 만들어내는 기업가들을 '만드는 자'[Makers]라고 표현한 것에 비하면 대조적이다. 금융가는 기업가들이 만들어 놓은 것을 빼앗는 역할에만 충실한 사람들로 보았다는 의미이다.

금융자본주의는 세계 일류기업들의 경영방식부터 망쳐 놓았다. 한때 미국 최고 기업이었던 애플, GE, GM 등은 더 이상 기술 개발에 큰돈을 투자하지 않는다. 대신 남는 현금을 주주들에게 배당하는 데 주로 사용한다. 심지어는 공적자금을 지원받아 살아난 GM조차도 지원받은 금액만큼의 돈을 자사주를 매입하는 데 사용했다.[27] 기술 개발과 비용 절감보다 배당 관리나 주가를 부양하는 것이 오늘날 기업에 가장 중요한 과제가 된 것이다.

금융자본주의는 서민들에게 그 부작용을 전가하기도 한다. 경제위기가 닥치면 물가는 하락하는 것이 일반적이다. 그러나 2008년 글로벌 경제위기 때는 식량, 에너지, 원자재 가격이 급등하며 비정상적인 인플레이션이 발생했다. 그 이면에는 상품시장의 금융화가 있다. 금융기법이 발전함에 따라 원자재, 식료품 등의 필수재들도 금융 투기의 대상이 된 것이다. 필수재들은 투자 대상이 되자마자 가격 변동성이 커졌다. 결국 급변하는 생필품의 가격 변동은 고스란히 서민들의 고통으로 돌아왔다.

3. 금융 네트워크가 풀어야 할 과제

이처럼 금융의 성장을 바라보는 시각은 다양하다. 금융이 좋은 사회를 건설하는 데에 열쇠가 된다는 주장부터 건전한 산업자본주의를 망쳐 놓았다는 주장까지 그 평가가 엇갈린다. 이런 논쟁의 와중에도 분명한 것은 최근 들어 적정한 성장 수준을 넘어 금융 과잉에 대한 우려가 커졌다는 것이다.

그렇다면 적절한 금융의 수준은 얼마큼일까? 2012년, IMF는 민간 부문에 대한 대출이 GDP의 110퍼센트를 넘으면 경제 성장에 부정적인 영향을 미친다는 분석 결과를 내놓았다. 금융의 크기가 110퍼센트라는 문턱을 넘어서면 유익한 대출보다는 불필요한 대출이 많아진다는 분석이다. 이미 한국은 2016년 기준 민간신용 대 GDP 비율이 143퍼센트에 이르렀다.[28] 양적인 측면에서 IMF의 기준점을 넘어 투머치 파이낸스 구간에 진입한 것이다.

사실 IMF 경제학자들의 정교한 분석이 없더라도 우리는 빚이 과도하다는 것을 너무나 잘 알고 있다. 2020년 기준 가구당 평균 부채는 8,256만 원이다. 가구당 평균 소득은 5,924만 원이니 1년 소득보다 훨씬 많은 빚을 지고 있는 셈이다. 빚이 있어서 부동산 가격과 주식가격이 유지된다는 것도 잘 알고 있다. 전세 자금과 주택 구입 자금을 빚으로 조달하고, 자영업자들도 사업 자금을 조달한다. 대학생들 역시 사회에 발을 들이기 전부터 학자금 대출 부담을 진다.

그러나 한국이 '투머치 파이낸스 사회'가 되었다는 것과 별개로, 여전히 사람들은 더 많은 대출을 원한다. 부동산과 자산 가격이 폭등하자 영끌과 빚투를 하지 않은 사람들이 벼락거지가 되는 상황이 되었다. 저금리 시대가 도래하자, 저금리를 잘 활용해야 살아남을 수 있다는 '레버리지(Leverage, 기회를 넓혀주는 도구로서의 부채를 일컫는 말)' 시각이 한국 사회를 지배하게 된 것이다.

PART 4

PLATFORM ECONOMY AND

모든 것을
연결하려는
플랫폼의 도전

SUCH THING AS A FREE LUNCH

카카오도
금융 네트워크가 될 수 있을까

플랫폼 기업들의 새로운 도전

플랫폼 기업은 네트워크 생태계에서 최상위에 있는 포식자다. 이들은 그동안 다른 산업의 강자들과 대결하면서 패배한 적이 없다. 카카오는 무료 메시지를 무기로 이동통신사의 문자메시지를 격파했고, 그 뒤로 쇼핑업, 택시업, 뉴스, 게임 분야로까지 진출했다. 불법 논란이 있었지만, '타다'도 전통적인 택시업의 생사를 위협하는 존재였다. 네이버쇼핑, 쿠팡과 같은 기업은 소상공인들을 자신의 플랫폼 속으로 집어삼켰으며, 지금은 이마트, 롯데쇼핑 등 유통업계의 공룡들마저 위협하고 있다.

플랫폼 기업들은 금융업까지 진출하기 시작했다. 우선 이들은 자신들의 쇼핑 생태계에서 사용할 수 있는 '간편결제' 서비스부터 발을 들여놓았다. 본래 온라인 쇼핑몰에서의 결제는 카드회사와 은행의 몫이었다. 그러나 전통적 금융회사들이 구축해 놓은 공인인증서와 카드결제 방식은 복잡하고 불편했다. 이에 따라 복잡한 공인인증서나 카드번호 입력 없이도 사용할 수 있는 간편결제 서비스가 재빠르게 결제시장을 장악해 나갔다. 플랫폼 기업들은 네이버(네이버페이), 쿠팡(쿠페이), 신세계(SSG페이), 지마켓(스마일페이) 등 자신들의 쇼핑 플랫폼에서 사용하는 결제 수단들을 만들어냈다.

간편결제뿐만 아니라, 공인인증서, 보안카드, OTP까지 요구하는 '송금 서비스'도 핀테크 기업으로서는 좋은 먹잇감이었다. 송금 과정이 복잡하고 불편해지자, 송금을 쉽게 만들어낸 서비스들이 출시되었다. 카카오페이, 토스와 같은 간편송금 서비스들이다. 이들은 공인인증서를 없애고, 송금 과정을 단순화했다. 간편송금 서비스의 부상에 위협을 느낀 은행들도 그제야 은행 앱을 가볍게 개선했다. 그러나 여전히 은행 앱은 카카오페이, 토스와 같은 간편송금 서비스에 비해 '무겁게' 느껴진다. 태생적으로 '가벼움'을 추구하는 간편송금과는 애초부터 다른 종種의 서비스이기 때문이다.

플랫폼 기업들은 간편결제, 송금에만 만족하지 않았다. 고객들이 여유 자금을 카카오페이나 네이버페이에 충전해 두자 그 자금을 운용하기 위한 금융상품(펀드. 보험 등)을 판매하기 시작했다. 이들의 주요 타깃은 소액투자 상품이었다. 큰 목돈 없이도 부동산과 주식에 투자할 수 있도록 자산을 0.1주 등으로 잘게 쪼개어 파는 방법을 만들어냈다. 지금도 카카오페이, 네이버페이, 토스는 보험, 펀드와 같은 금융상품을 판매하고 있으며, 이들은 판매 대가로 수수료를 챙긴다.

카카오와 토스는 조금 더 나아갔다. 아예 금융회사를 만들어 버린 것이다. 카카오는 카카오뱅크와 카카오페이증권을 설립했고, 토스는 토스뱅크와 토스증권을 설립했다. 은행과 증권사를 설립하면 그동안 하지 못했던 일을 할 수 있다. 카카오페이와 달리 은행 계좌로는 월급을 매달 예금으로 수취할 수 있으며, 소비자들에게 직접 대출을 제공할 수도 있다. 증권사가 있다면, 토스 앱을 통해 고객들이 직접 주식을 사고팔 수 있는 환경이 만들어진다. 간편결제라는 부수적 업무에서 출발한 플랫폼 기업들은 점차 금융의 본질적 업무까지 발을 들여놓으며, 본격적으로 금융시장에 도전장을 내민 것이다.

| 표4-1 | 카카오, 토스 등 빅테크 기업들의 금융업 진출 경로

1단계	2단계	3단계
간편결제 (카카오페이, 토스, 네이버페이, 쿠페이, SSG페이 등)	보험/펀드 판매 (카카오페이, 토스, 네이버페이)	예금, 대출 (카카오뱅크, 토스뱅크) 주식투자 중개 (카카오페이증권, 토스증권)

카카오는 금융업에서도 성공할 수 있을까

플랫폼 기업은 금융업에서도 통할 법한 뚜렷한 강점이 있다. **바로, 고객과의 접점이다.** 이들은 친숙한 브랜드를 무기로 우리 일상 속에 스며든 친구 같은 존재이다. 카톡 도중에 자연스레 송금하거나 더치페이를 할 수도 있으며, 친구의 기념일에 맞추어 축하 메시지와 선물을 보낼 수도 있다. 네이버로 쇼핑하는 도중 외상 결제나 카드 결제가 필요할 때도 있다. 이는 기존의 금융회사들은 시도조차하기 어려운 편리한 소비자 경험^{user experience}이다.

데이터는 플랫폼 회사의 또 다른 강점이다. 금융은 상대방에 대한 정보 수집에서 출발한다. 거래 상대방이 내 돈을 갚을 능력과 의지가 있는지를 정확히 파악하는 것이 금융거래의 출발점이다.

플랫폼 기업들은 감시자본주의하에서 소비자들에 대한 정보를 오랫동안 수집해 왔다. 이는 기존 금융회사들이 가지고 있지 못한 데이터다. '좋아요', '구매후기', '별점'과 같은 상거래 정보는 기존의 금융 정보와 결합해 좀 더 정확한 신용평가를 가능하게 하는 도구가 될 수 있다.

플랫폼 기업들은 '좋아요'를 활용하여 기업을 평가하려는 시도를 이미 하고 있다. 네이버파이낸셜이 지난 2020년 12월 출시한 '스마트스토어 소상공인 대출'이 대표적 사례다. 네이버 스마트스토어에 입점한 소상공인이 고객들로부터 '좋아요' 리뷰를 많이 받으면 대출금리가 낮아지는 식이다. 미국 아마존에도 이미 2011년부터 입점 업체를 대상으로 한 아마존 렌딩 서비스를 시행 중이며, 중국의 알리바바도 개인들의 결제 내역을 토대로 한 대출 평가 모델을 만들어 냈다.

플랫폼 기업들은 금융회사들이 제공하지 못하는 차별화된 혜택도 제공할 수 있다. 플랫폼 기업이 이미 장악해 놓은 시장인 캡티브 마켓(Captive Market, 계열사 간 내부시장)을 활용하는 것이다. 알리바바는 '화베이'라는 인터넷 신용카드를 2015년 4월 출시했는데, 지금은 사용자가 4억 명이 넘을 정도로 급성장했다. 화베이가 성공할 수 있었던 배경에는 개인이 대출받기 쉽지 않은 중국의 경제환경도 있지만, 알리바바 쇼핑몰이라는 캡티브 마켓과 연계한 마케팅의 힘이 컸다. 화베이를 통해 결제하면 파격적인 무이자 할부 혜택을 주는 방식을 통해 알리바바는 화베이의 고객층을 넓혔다.

미국의 자동차회사 GM의 앨리뱅크^{Ally Bank}도 캡티브 마켓을 적극적으로 활용하는 회사다. 앨리뱅크가 제공하는 오토론을 이용하여 GM의 자동차를 구입하면 무상수리 기간을 연장해 주거나 저금리로 대출해 주는 것이다. 일본의 쇼핑몰인 라쿠텐^{Rakuten}의 라쿠텐 은행 역시 그룹 계열사를 활용해 차별화된 혜택을 제공하고 있다. 라쿠텐 은행의 전략은 슈퍼포인트 서비스다. 라쿠텐 그룹 내의 모든 계열사를 연결해 포인트를 통합하고, 쇼핑몰에서 쌓은 포인트를 은행에서도 사용할 수 있게 한 것이다. 라쿠텐은 슈퍼포인트 전략을 통해 계열사의 고객들을 자연스럽게 흡수하고 있다.

| 표4-2 | 플랫폼 기업들의 강점

고객접점(Point of Sales)	데이터(Data)	차별화된 혜택
• 편리한 유저인터페이스, 친숙한 브랜드 • 카카오톡, 네이버쇼핑과 연계한 송금, 결제가능 • 우리 일상과 금융 서비스 간의 간극을 최소화	• 구매후기, 리뷰, 매출액 등 상거래 정보를 보유 • 금융정보와 결합한 차별화된 신용평가(ACSS) 가능 • 네이버파이낸셜의 스마트스토어 소상공인 대출	• 캡티브 마켓을 활용하여 비금융 서비스 제공가능 • 알리바바 쇼핑몰과 연계 마케팅을 진행한 화베이 • GM의 앨리뱅크는 무상 수리, 저금리 혜택제공 • 라쿠텐은 쇼핑몰 포인트를 은행에서도 사용가능

플랫폼 기업들이 지닌 강점은 분명해 보인다. 그렇다면 플랫폼 기업들이 다른 시장에서와 마찬가지로 금융시장에서도 선전할 수 있을까? 이는 섣불리 답하기 쉽지 않은 질문이다. 금융산업은 다른 산업과 달리 매우 복잡한 규칙 위에서 작동하기 때문이다. 금융시장에서는 소비자들의 편의성만큼이나 안전과 보안도 중요하기 때문에, 많은 법규와 규칙을 지켜야 한다. 게다가 심판의 재량도 크다. 보수적으로 운영되는 금융시장에서 새로운 전술을 사용했다가는 큰 금융사고로 이어질 수도 있으며, 이는 금융회사의 존폐를 위협하기도 한다.

게다가 플랫폼 기업이 상대해야 하는 금융회사는 비록 노쇠했지만, 노련하고 규모가 크다. 이들은 복잡한 금융시장에서 나름의 독특한 노하우를 쌓아 왔다. 고객들의 정보를 수집하는 나름의 방법을 가지고 있으며, 금융시장에 도사리고 있는 각종 위험에 대처하는 능력도 뛰어나다. 플랫폼 기업이 쉽게 넘볼 수 있는 만만한 상대는 아니다. 플랫폼 기업의 공격에 기존 금융회사들은 어떤 강점과 노하우로 방어하고 있을까?

기존 금융회사들의
경쟁력

수많은 기업과 연결되어 있는 은행

앞서 말했듯이 플랫폼 기업의 강점 중 하나는 데이터다. 네이버파이낸셜, 라쿠텐, 아마존, 알리바바 등의 사례에서 보았듯이 플랫폼 기업들은 독점적으로 보유하고 있는 상거래 데이터를 활용해 차별화된 대출 서비스를 만들어내기도 한다.

그러나 은행 역시 다양한 기업 정보를 수집하는 노하우가 있다. 오랫동안 기업들과 금융 거래를 해 왔고, 그 과정에서 자연스레 그 회사에 대한 숨겨진 정보를 파악한다. 기업주CEO의 성향, 기업문화, 기술 정보, 경영 전략 등과 같이 중요하지만 문서화하기는 어려운 정보들이다. 이 정보들은 기업의 재무제표처럼 누구나 손쉽게 획득할 수 있는 정보가 아니다. 기업과의 오랜 네트워크를 통해 비공식적으로 얻는 정보다. 이처럼 은행과 기업은 오랫동안 신뢰 관계를 맺고 서로를 관찰하는데, 이 과정에서 기업에 대한 숨겨진 정보들을 알게 되는 것이다.[1]

따라서 기업과 은행 사이에 존재하는 '관계'라는 무형의 네트워크는 은행이 가진 가장 큰 경쟁력 중 하나다. 기업 입장에서도 기존 은행과 거래를 중단하기는 쉽지 않다. 한 은행과 장기간 거래하면서 얻을 수 있는 편익이 많기 때문이다. 예를 들면, 대출을 갱신하거나 급전이 필요할 때 대처하기가 수월하다는 점이다. 은행이 그 기업의 내부 사정을 잘 알고 있으며, 기업주와의 신뢰 관계도 형성되어 있기 때문이다. '비 올 때 우산을 뺏는 방식'이 금융회사의 기본 속성이지만, 은행과 긴밀한 관계를 맺고 있다면 비 올 때도 우산을 뺏기지 않을 수 있다. 은행이 그 기업을 보다 잘 이해하고 있다면, 그 기업의 경영난이 일시적인지 또는 구조적인지를 정확하게 파악할 수 있기 때문이다.

물론 장기적 유대관계가 항상 기업에 유리하게 작용하는 것만은 아니다. 기업이 하나의 은행에 대출을 장기간 의존하게 되면, 은행이 기업에 갑질을 하는[2] '홀드업Hold-up' 상황이 발생하기도 한다. 홀드업을 우리말로 번역하면 "손들어, 꼼짝 마" 정도로 직역되는데, 은행이 우위에 있는 상황을 이용하여 기업을 압박하는 현상을 말한다. 기업에 대한 정보를 독점Information Monoploy하고 있는 주거래은행으로서 이 기업이 다른 은행과 거래하기는 어렵다는 것을 알고, 대출을 갱신할 때 여러 핑계를 대며 금리를 슬쩍 올리기도 한다.[3] 은행과 기업이 오랫동안 거래를 하며 만들어지는 은행의 정보 독점 상황은 기업에 유리하게 작용할 수도 있고, 불리하게 작용할 수도 있는 것이다.

빅데이터 기업이 되어버린 카드회사

대한민국에서 가장 방대한 소비 데이터를 지닌 집단은 플랫폼 기업이 아니라 카드회사다. 한국인은 대부분의 결제를 신용카드로 하기 때문이다.[4] 신용카드를 사용하면 사용자의 소비 성향이 고스란히 데이터로 남는다. 어떤 가게에서 소비를 하는지, 사용하는 시간은 주로 몇 시인지, 소액 혹은 고액 결제가 많은지 등이 기록으로 남는다. 카드회사들은 보유한 빅데이터를 활용하여 고객의 행동을 예측하거나, 다른 회사와 제휴하여 차별화된 마케팅에 활용한다.[5]

신한카드는 2,200만 명의 회원 데이터와, 270만 개의 가맹점 데이터를 지닌 국내 1위 카드회사다. 신한카드는 빅데이터를 활용해 소비자를 분석하는 초개인화 서비스를 2019년 오픈했다. 빅데이터를 통해 소비자의 T.P.O., 즉, 시간[Time]과 장소[Place], 상황[Occasion]을 예측하고 맞춤 혜택을 제공하는 서비스다. 신한카드는 월 단위나 주 단위가 아닌, 소비자의 현재 상황에 맞는 실시간 혜택을 제공하는데, 시시각각 달라지는 날씨나 고객의 동선도 이 서비스에 반영되고 있다.

삼성카드는 이마트 트레이더스와 제휴해서 빅데이터 마케팅을 시행하고 있다. 고객들의 대중교통 동선을 활용하여 당신이 주말부부

인지, 그리고 부모님 댁에 정기적으로 방문하는지까지도 선별해 낸다. 그리고 선별된 고객을 대상으로 이마트 트레이더스 할인 쿠폰과 프로모션 안내 문자메시지를 전송하는 방식으로 마케팅을 펼친다. 그 결과, 이마트 트레이더스(월계점)에서 삼성카드 사용 비중은 다른 점포 대비 두 배 이상 높게 나타났다.[6]

비씨카드는 비즈 크레딧을 개발하여 소상공인의 휴업과 폐업을 예측하고 있다. 또한 카드사용자들에게 맞춤형 혜택을 제공하는 마이태그 서비스도 출시했다. 예컨대, 영화를 좋아하는 2030 소비자라면 OTT$^{Over-the-Top}$ 서비스 할인 혜택을, 쇼핑을 좋아하는 여성 소비자에게는 온라인쇼핑, 새벽 배송, 베이커리, 카페에서 결제할 경우 알맞은 할인 혜택을 제공하는 식이다.

금융회사들이 위험을 관리하는 노하우

은행의 영업구조는 매우 단순해 보인다. 고객들로부터 예금을 받아 대출해 주는 구조이기 때문이다. 그러나 예금과 대출이라는 단순한 영업방식 뒤에는 다양한 위험이 존재하고 있으며, 이 위험은 건실한 은행들을 단번에 도산시키기도 한다. 그래서 은행들은 언제 나타날지 모르는 위험들을 관리하는 방법을 끊임없이 발전시켜 왔다.

은행업에 내재된 위험은 만기 불일치 위험이다. 보통 예금은 만기가 짧은 반면 대출은 만기가 길다. 사람들이 은행에 예금할 때에는 언제든지 돈을 찾고 싶어 하지만, 돈을 빌릴 때는 되도록 오랫동안 빌리고 싶어 한다. 그래서 은행은 예금과 대출의 만기가 일치하지 않는 위험을 항상 지고 있다. 예금자들은 언제든지 예금을 돌려달라고 요구할 수 있지만, 은행은 대출을 내준 기업에 마음대로 상환을 요구하지 못한다. 그래서 은행은 항상 예금자들의 예금 인출 요구가 일시에 몰려들지 않을까를 걱정해야 하는 운명이다.[7]

은행은 오랫동안 만기 불일치 위험을 관리하기 위해 위험 관리 방법을 발전시켜 왔다. 조금은 어렵게 들릴 수 있겠지만, 자산과 부채의 듀레이션(duration, 원금을 회수하는 데 걸리는 시간)을 일치시키거나, 파생금융상품 등의 거래를 활용하거나, 증권화 등을 통해 위험을 외부로 전가하는 방법 등이다. 또한 여러 위험 관리 방법 중 자사의 상황에 가장 적합한 전략을 선택한다. 만기 불일치 위험에 대비하는 동시에 수익성을 극대화할 수 있는 최적의 전략을 만들어내는 것이다.

역사적인 측면에서도 금융회사는 위험 관리에 민감할 수밖에 없었다. 조그마한 위험이 건실한 금융회사를 도산시킨 사례가 무수히 반복되어 왔기 때문이다. 영국의 베어링은행Barings Bank은 직원 한 명의 무모한 투자로 1995년 파산했으며, 일본의 다이와은행Daiwa Bank도 직원의 사기 거래를 막지 못해 11억 달러의 손실을 보았다. 금융회사들은 이러한 실패 사례가 발생할 때마다 위험을 효과적으로 관리하기 위한 노하우와 내부통제 제도를 발전시켜 왔다. 그리고 이것이 금융시장과 경제환경의 변화에도 불구하고 금융회사들이 안정적으로 영업할 수 있는 이유 중 하나가 되었다.

은행이 가장 저렴한 대출금리를 제시할 수 있는 비결

2020년 12월, 네이버파이낸셜은 미래에셋캐피탈과 협업하여 새로운 방식의 대출상품을 출시했다. 이 대출상품은 특별했다. 그동안의 신용평가에서는 반영하기 힘들었던 단골고객 비중, 제품 리뷰, 반품율 등과 같은 상거래 정보를 활용했기 때문이다. 이 대출상품의 평균금리는 연 5.5퍼센트로 대단히 낮은 수준이다. 캐피탈업체의 평균 대출금리는 약 10퍼센트 수준이다. 금융회사 중 가장 저렴한 금리의 대출을 제공할 수 있는 기관은 은행이다. 은행은 평균적으로 4퍼센트대의 대출금리를 제시한다. 신협·새마을금고 등 상호금융기관은 5퍼센트 수준이다. 보험사, 증권사는 7~8퍼센트, 캐피탈업체는 10퍼센트, 카드사는 15~16퍼센트, 저축은행은 17퍼센트 수준이다(2020년 기준, 신용정보원). 대부업체는 일반적으로 법이 허용하는 최고금리 수준(20퍼센트)을 요구한다.

은행이 가장 저렴한 금리를 제공할 수 있는 비결은 무엇일까? 우선, 은행은 가장 저렴하게 자금을 조달할 수 있다. 또한 규모가 크고, 다양한 위험에 대비해 많은 안전장치를 갖추고 있어 자본을 조달하는 비용이 낮다. 예금금리가 낮더라도 은행의 안정성 때문에 사람들은 은행에 돈을 맡기고 싶어 한다. 금리 수준과 무관하게 가장 안전한 금융기관인 은행에 자금을 맡기는 것이다. 그 덕분에 은행은 가장 저렴한 비용으로 자금을 조달한다.

금융경제학자 아닐 카샵[A.Kashyap]과 라구람 라잔[R.Rajan]은 은행이 다른 금융기관에 비해 낮은 금리를 제시할 수 있는 비결을 다른 관점에서 설명한다. 은행은 예금과 대출을 동시에 취급하는 기관이어서 낮은 금리의 대출이 가능하다는 것이다.[8] 예금이나 대출을 제공하기 위해 금융회사는 금고 내에 항상 여유 현금을 보유해야 한다. 현금 인출과 대출은 모두 현금을 내주어야 하는 일이기 때문이다. 예금자의 인출 요구와 대출이 승인되면 즉시 현금을 내주어야 한다. 한마디로, 은행입장에서 예금이나 대출은 현금을 항상 준비해 두어야 하는 공통점이 있는 업무다.

그러나 금융회사 입장에서 금고 내에 현금을 쌓아 두는 일은 그리 달갑지 않다. 금고 내에 쌓아 둔 현금이 많다는 것은 그만큼 이자 수입을 얻을 기회를 놓치고 있다는 뜻이기 때문이다. 따라서 금융회사가 금고 내에 쌓아둔 여유 현금을 어떻게 활용할 수 있는지는 금융회사의 경쟁력과 직결되는 문제다. 동일한 여유 현금을 가지고 더 다양한 일을 할 수 있다면, 그 금융회사는 자원을 효율적으로 사용하는 셈이기 때문이다.

은행은 여유 현금을 활용해 예금과 대출을 동시에 수행하는 거의 유일한 금융회사다. 반면, 캐피털업체, 보험사, 증권사 등도 여유 현금을 보유하지만, 이들은 오직 대출업무만을 할 수 있다. 금고 내에 있는 여유 현금을 토대로 예금과 대출을 모두 제공할 수 있는지는

161

은행과 비*은행의 원가 경쟁력을 가르는 요인이다. 동일한 여유 현금을 보유하고 있으나, 은행은 저리의 자금을 조달할 수 있는 예금이라는 추가적 기회도 얻는 셈이기 때문이다.

사람들의 비합리적 행동 때문에 은행은 이득을 보기도 한다. 사람들은 가급적이면 위험을 피하고 싶어 한다. 그러나 사람들이 위험을 대하는 태도는 위험의 크기에 따라 천차만별이다. 때로는 모순적이고 비합리적으로 보일 만큼 우리는 위험에 대해 이중적인 모습을 보인다. 간단한 예를 들어 보자. 많은 사람은 다음의 두 자산을 완전히 다른 자산으로 생각한다.

A: 돈을 잃을 확률이 0%인 '완전히' 안전한 자산

B: 돈을 잃을 확률이 1%인 '매우' 안전한 자산

사람들은 1% 차이에 불과하지만 위험이 낮은 A를 B보다 절대적으로 선호한다. 위험이 있느냐(1%), 없느냐(0%)에 대해 민감하게 반응하는 것이다. 그러나 사람들은 다음과 같은 자산(C, D) 사이에서는 아무런 차이를 느끼지 못한다. 설령, 1%의 차이에 매우 민감하게 반응하는 사람이더라도 어중간한 위험의 범주에서는 위험에 둔감해진다.

C: 돈을 잃을 확률이 50%인 자산

D: 돈을 잃을 확률이 51%인 자산

사람들은 C와 D보다 A와 B의 차이에 대해 민감하다. 그 이유는 '확실성 효과' 때문이다. 사람들은 완전히 확실한 것에 매우 높은 가치를 부여한다. 그러나 아주 낮은 위험에는 매우 예민하게 반응한다. 1%의 위험도 매우 커다란 위협으로 받아들이는 것이다.[9] 그래서 사람들은 완벽한 무위험을 만들기 위해 기꺼이 많은 비용을 지불하려 든다.

위험에 대한 이러한 태도는 우리 일상에서도 종종 경험한다. 가족 중 한 사람이 갑자기 연락이 되지 않을 때, 알 수 없는 불안감에 휩싸였던 경험은 누구에게나 있을 것이다. 혹시 사고는 나지 않았을까. 나쁜 일을 당하지는 않았겠지. 요즘 범죄가 많다던데… 등과 같은 근거 없는 불안감이다. 우리는 끔찍한 사고가 일어날 확률이 매우 낮다는 것을 잘 알고 있으면서도 이런 불안감은 객관적 확률과는 별개로 작동한다. 인간은 사소한 불안감에 극도로 예민하게 반응하도록 프로그래밍이 되어 있는 동물이다. 이러한 행동패턴은 위험이 완전히 제거된 은행에 많은 돈이 모이게 만든다.

은행은 예금 이자로 0%에 가까운 초저금리를 제시하고 있음에도 불구하고 많은 사람들은 여전히 은행에 돈을 맡긴다. 돈을 잃을 위험이 없다는 '안전함'에 매우 높은 가치를 부여하는 것이다. 금융시장에는 은행예금에 버금가는 안전자산들이 다수 존재한다. 증권사의 CMA나 자산운용사의 MMF도 위험이 매우 낮은 상품이다. 그러나 이 상품들도 은행예금을 이기지는 못한다. 은행은 가장 안전한 금융기관으로서의 프리미엄을 누리는 셈이다.

| 표4-3 | 가상의 가중함수 : 사람들은 낮은 확률을 높게 평가하는 경향이 있다.[10]

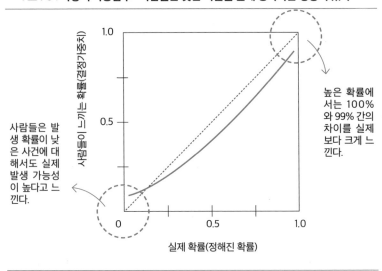

은행지점, 은행이 지닌 강력한 고객 접점

지점branch도 플랫폼 기업이 가지지 못한 은행만의 고유한 강점이다. 많은 금융서비스가 비대면으로 이루어지고 있지만, 여전히 비대면으로 처리할 수 있는 업무는 한정되어 있다. 주택담보대출과 아파트 집단대출은 비대면으로 완결하기 어려운 대표적 금융상품이다. 주택 매매 계약과 아파트 분양 계약이 완전히 전산화되지 않았기 때문이다. 따라서 지점없이 인터넷으로만 영업하는 카카오뱅크와 같은 인터넷전문은행들은 영업에 제약을 받을 수밖에 없다. 2019년 기준 은행의 원화 대출 자산은 1,637조 원인데, 이 중 카카오뱅크가 대상으로 할 수 있는 시장은 비[非] 주택담보시장인 234조 원에 불과하다.[11] 언젠가는 기술과 제도가 발전하면서 주택 매매, 아파트 분양 등의 거래도 전산화될 것이라 예상해 볼 수 있지만, 당분간 은행 지점은 고객과의 훌륭한 접점으로 역할을 할 것이다.

좋은 기업을 골라내고, 감시하는 금융회사

소비자들의 눈에 보이는 금융회사의 역할은 빙산의 일각에 불과하다. 소비자들의 눈에 보이는 금융이란 월급을 안전하게 보관(예금)해 주고, 원하는 곳으로 송금(결제)해 주며, 이자수익(투자수익)을 지급하는 수준이다. 그러나 금융회사는 우리의 눈 밖에서 더 많은 일을 하고 있다. 금융회사가 수행하는 중요한 역할 중 하나는 좋은 기업을 골라내고, 그 회사들이 영업을 잘하고 있는지를 감시하는 일이다. 좋은 기업을 골라내는 일은 금융의 출발점이다. 좋은 기업을 선별해 내야 안전하게 대출할 수 있고, 더 많은 이자수익을 얻을 수 있기 때문이다.

잘 모르는 회사에 대해서도 옥석을 가려야 할 때가 있다. 공개된 정보와 공개되지 않은 정보를 모두 동원해서 기업을 평가해 보지만, 과연 이 회사에 돈을 빌려주어도 괜찮은지 여부를 판단하기 어려운 경우도 많다. 이때 금융회사는 다른 금융회사의 눈치를 살펴본다. 만약 그 회사와 오랫동안 거래 관계를 맺어온 주거래은행이 있다면 주거래은행이 최근에 그 회사에 대출을 승인했는지를 관찰한다. 만약 주거래은행으로부터 대출받은 경험이 있다면 이는 이 회사를 신뢰할 만하다는 신호로 여긴다. 이처럼 어떤 금융회사들은 회사에 대한 정보를 생산하고 있으며, 여타 은행들은 이 정보에 무임승차하기도 한다.

기업들 가운데 특히 잘 알려지지 않은 회사들이 있다. 신생기업들이 그렇다. 우리나라에서는 창업한 지 7년 이내의 회사들을 창업기업이라 부르는데, 이 기업들은 대중에게 거의 알려지지 않은 기업이다. 신설된 지 얼마 되지 않았을 뿐만 아니라, 기업의 규모가 작아 사람들이 거의 관심을 보이지 않는 기업들이다. 게다가 제대로 된 실적이 없거나, 적자를 내는 경우가 대부분이다. 그래서 이 기업이 훌륭한 기업인지, 곧 망할 기업인지를 파악하기란 거의 불가능하다.

금융회사들이 창업기업에는 자금 대출을 꺼리다 보니, 창업기업에만 전문적으로 자금을 투자하여 이익을 얻는 회사가 존재한다. 바로, 벤처캐피털 회사Venture Capitalist들이다. 우리나라에서는 창업투자사(창투사), 신기술금융사(신기사)라고 지칭하는 회사들이 있다. 이들은 주로 주식을 받는 지분투자로 자금을 지원한다. 가령, 10억 원을 투자하고 그 회사의 주식 49퍼센트를 취득하는 방법이다. 이후 회사가 성공적으로 성장하면 취득한 주식을 높은 가격에 되파는 방식exit으로 수익을 낸다.

벤처캐피털이 투자할 때 마주치는 고민 중 하나는 '무임승차' 문제다. 내가 오랜 시간을 투자해 좋은 창업기업을 발굴했는데, 다른

| 표4-4 | 기업의 생애주기에 따른 특징과 자금조달[12]

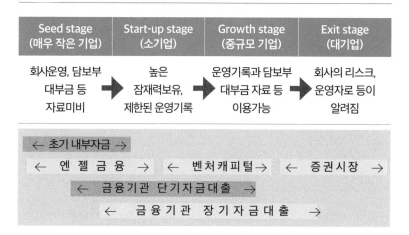

Seed stage (매우 작은 기업)	Start-up stage (소기업)	Growth stage (중규모 기업)	Exit stage (대기업)
회사운영, 담보부 대부금 등 자료미비	높은 잠재력보유, 제한된 운영기록	운영기록과 담보부 대부금 자료 등 이용가능	회사의 리스크, 운영자로 등이 알려짐

← 초기 내부자금 →

← 엔젤금융 →   ← 벤처캐피털 →   ← 증권시장 →

← 금융기관 단기자금대출 →

← 금융기관 장기자금대출 →

벤처캐피털들이 나를 따라서 투자를 하는 것이다. 그들은 아무런 고민 없이 내가 골라낸 좋은 기업에 투자하게 되는 셈이다. 이러한 무임승차 문제는 은행 대출의 경우에는 큰 문제가 되지 않지만, 벤처투자의 영역에서는 큰 문제가 된다. 은행 입장에서는 정해진 이자와 원금만 회수하면 아무런 문제가 없기 때문이다. 오히려 많은 자금이 몰리면 자금을 회수하는 데에 더 유리할 수도 있다.

그러나 지분투자를 하는 벤처캐피털들은 상황이 다르다. 다른 투자자들이 한 기업에 뒤섞여 들어오면 내 몫이 희석될 가능성이 있기 때문이다. 따라서 벤처캐피털 회사들은 투자 대상 기업과 특별한 계약을 맺는다. 이른바 '넌 나랑만 사귀는 거다'라는 식의 계약이다. 벤처캐피털들은 기업이 다른 벤처캐피탈로부터 투자를 받지 못하게 막는 계약을 맺는다. 최초에 투자한 벤처캐피털과 창업기업이 독점적 관계를 유지하는 형식으로 제3의 투자자들이 접근하는 것을 차단한다. 이러한 계약을 통해 최초의 투자자는 자신이 생산한 정보에 타인이 무임승차하는 행위를 막는다.

벤처캐피털 회사의 또 다른 고민으로는 투자를 받은 회사가 투자금을 협의한 사업에 쓰지 않고 엉뚱한 곳에 유용^{流用}하는 경우이다. 투자금을 유용하는 문제는 비단 창업회사만이 아니라, 모든 회사에서 공통으로 나타나는 문제다. 그러나 이 문제는 특히 규모가 작고 불투명하게 운영되는 신생기업에서 크게 두드러진다. 대기업의 경우에는 이사회, 감사 등 기업 내부에 경영자를 감시^{monitoring}하는 많은 장치가 있지만, 창업기업은 이러한 견제 장치가 제대로 갖추어져 있지 않다.

따라서 금융회사들은 투자 대상 기업을 감시하는 데에도 노력을 기울인다. 은행이 담보를 잡는 것도 감시의 일종이다. 담보를 통해 회사가 열심히 일하도록 강제하고, 반드시 돈을 갚도록 만든다. 벤처캐피털이나 사모펀드들은 투자회사에 감시장치를 심기도 한다. 벤처캐피털이나 사모펀드 소속 직원을 그 기업의 이사회 임원으로 참여시키는 것이다. 이 임원은 여러 역할을 담당한다. 투자기업이 투자받은 자금을 어떻게 사용하는지를 감시하기도 하며, 벤처기업의 경우에는 그동안 축적한 경영 노하우를 전수하는 역할도 수행한다.

플랫폼 기업과
금융산업의 미래

은행은 미래에도 살아남을 수 있을까

전통적 금융회사들은 금융업에서 요구되는 뚜렷한 강점을 지니고 있으며 보이지 않는 곳에서도 많은 기능을 수행하고 있다. 위험을 관리하고, 자금 지원 과정에서 기업을 선별 감시하고 있다는 사실은 금융회사가 경쟁력이 있는지의 문제와 별개로 금융의 이러한 고유한 기능은 사라지기 어렵다는 것을 시사한다.

그렇다면 카카오와 토스와 같은 플랫폼 기업들이 금융산업에 뛰어들며 시작된 금융산업에서의 경쟁은 금융업을 어떤 모습으로 변화시킬 것인가?

바젤은행위원회BCBS도 핀테크Fintech 기업의 부상을 언급하며, 전통적인 모습의 은행도 큰 변화를 겪으리라 예측하였다. 바젤은행위원회에 따르면, 은행의 미래는 다음과 같은 5가지 시나리오로 예측된다.[13]

ㅣ표4-5ㅣ 은행의 미래에 대한 주요 시나리오[14]

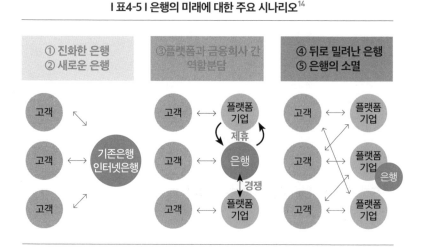

첫 번째 시나리오는 진화한 은행^{Better Bank}**이다.** 전통적 은행은 끝까지 살아남을 것이다. 은행들도 고유한 경쟁력을 지니고 있으며, 금융 본연의 기능은 핀테크 회사들이 흉내 내기 어렵다. 게다가 은행들도 디지털 환경에서 살아남기 위해 스스로를 변화시킬 것이다. 클라우드, 빅데이터, AI, 블록체인과 같은 새로운 기술은 은행에도 보편화될 것이다. 플랫폼 기업에 비해 약하다고 평가되던 고객 접점 ^{Customer Interface}의 문제도 차츰 해결될 것이다. 은행들은 더 편리한 앱을 만들거나, 챗봇^{ChatBot}, 로보어드바이저^{Robo-Advisor} 등의 기술을 도입할 것이기 때문이다.

두 번째 시나리오는 새로운 은행 The new Bank**이다.** 카카오뱅크, 케이뱅크, 토스뱅크와 같이 디지털 환경에 최적화된 은행들이 기존 은행을 대체한다. 새로운 은행들은 시중은행과 동일한 금융서비스를 제공하면서 디지털 세계에 최적화되어 있기 때문이다. 새로운 은행들은 이미 세계적 현상이다. 영국의 아톰뱅크Atom Bank, 몬조뱅크Monzo Bank, 네덜란드의 벙크Bunq, 중국의 위뱅크WeBank, 마이뱅크MyBank 등과 같은 새로운 은행들이 부상하고 있다.

세 번째 시나리오는 플랫폼 기업과의 역할 분담 The Distributed Bank**이다.** 은행과 카카오, 네이버가 협업하는 시나리오다. 카카오는 고객을 직접 상대하는 창구 역할을 수행하며, 은행은 카카오의 플랫폼을 빌려 예금, 대출의 판매창구로 삼을 것이다. 삼성전자의 갤럭시Galaxy 스마트폰이 이마트의 일렉트로 마트Electro Mart에서 판매되듯이, 금융상품의 제조와 판매도 엄격히 분리된다. 은행은 자사의 브랜드로 금융상품을 제조하지만, 고객에 대한 판매를 직접 관리하지는 않는다. 이 시나리오에서 소비자들은 카카오라는 금융상품 판매 플랫폼에서 우리은행의 적금에 가입하는 방식으로 금융상품을 구입하게 된다.

네 번째 시나리오는 뒤로 밀려난 은행 The Relegated Bank**이다.** 은행과 플랫폼 기업이 제휴하지만, 은행의 브랜드는 소멸되는 시나리오다. 플랫폼 기업들은 자사의 브랜드가 달린 금융상품을 판매하게 될 것이며, 은행은 자사의 브랜드를 버리고 플랫폼에 금융서비스만을 제공Bank-as-a-Service하는 형태로 협업한다. 이 시나리오에서 플랫폼 기업들은 금융상품의 유통을 완전히 장악하는 메가 금융 플랫폼Mega

Financial Platform의 특징을 띠게 된다.

금융회사의 브랜드가 사라지는 현상은 이미 일부 금융업계에서 나타나고 있다. 신용카드 회사들은 자신의 브랜드를 버리고 배달의민족, 스타벅스, 이베이와 같은 사업자들의 브랜드를 단 신용카드를 출시하고 있다. 이렇게 출시된 카드는 브랜드가 자체적인 라벨을 붙인 카드라는 의미에서 PLCC^{Private Label Credit Card}라고 한다. 플랫폼 회사들은 브랜드와 마케팅을 맡고, 카드회사는 카드발급과 결제 시스템을 담당한다. PLCC는 주로 제휴한 사업자의 충성고객을 타깃으로 하기 때문에, 카드사 입장에서 신규 고객을 확보하기 위해 노력할 필요가 없는 장점이 있다. 실제로 현대카드는 PLCC를 통해 신규 고객 모집 단가를 2018년 10.2만 원에서 2020년 3.1만 원으로 대폭 낮추었다.[15]

다섯 번째 시나리오는 은행의 소멸^{The Disintermediated Bank}**이다.** 은행과 같은 금융회사가 사라진다. 전통적인 모습의 은행이나 인터넷은행은 완전히 사라진다. 이 시나리오에서는 금융의 본질적 기능마저 AI, P2P, 블록체인, 비트코인 등을 통해 대체된다. 금융의 본질적 기능은 사라지고, 금융상품을 유통하는 플랫폼만 존재하는 것이다.

진화된 은행이 되기 위한 금융회사들의 대응

은행들도 변화된 디지털 환경에서 생존하기 위한 변신을 시도하고 있다. 이미 세계의 유수 은행들은 최근의 환경 변화와 플랫폼 기업들의 도전을 중대한 위협으로 느끼고 스스로 '디지털 트랜스포메이션Digital Transformation'에 앞장서고 있다.

1. 기술기업으로 변신한 골드만삭스

골드만삭스는 디지털 변화를 선도하고 있는 은행이다. 골드만삭스의 CEO 로이드 블랭크페인은 "우리는 은행이 아닌 테크기업Technology firm이다."라고 선언했다. 그리고 인력 구조부터 뜯어고쳤다. 600명이던 골드만삭스의 주식 트레이더는 2명으로 급감한 반면 골드만삭스 임직원의 25퍼센트인 약 9,100명은 컴퓨터 엔지니어들이다.[16]

골드만삭스가 598명의 애널리스트를 해고할 수 있었던 비결은 적극적인 기술투자에 있다. 2014년 켄쇼Kensho라는 AI 스타트업에 지분투자를 하여 워런Warren이라는 AI 시스템을 도입했다. 워런은 기업 실적과 주가 등 방대한 금융 데이터를 자동으로 분석하는 AI 애널리스트다. 이 프로그램은 대부분의 애널리스트를 실직자로 만들었다. 전문 애널리스트 15명이 4주에 할 수 있는 작업을 5분 만에 처리할 수 있었기 때문이다. 경제 데이터를 체계적으로 관리하기 위해서는 더 많은 전문가가 필요하지만, 워런과 같은 AI 기술은 골드만삭스를 보다 기술집약적 기업으로 변신하도록 만들고 있다.

골드만삭스는 월가의 구글이 되기 위해 다양한 핀테크 기업의 인수에도 적극적이다. 자사가 가지지 못한 역량을 가진 회사를 과감히 인수하여 신기술을 흡수하는 전략이다. 인수한 대표적인 회사로는 미국의 자산관리회사 '클래리티 머니$^{Clarity \ Money}$'가 있다. AI에 기반한 개인재무관리 서비스를 제공하는 클래리티 머니 인수는 골드만 삭스가 모바일 부문을 개척한 중요한 발판이 되었다는 평가를 받고 있다.

그 외에도 골드만 삭스는 소셜미디어를 분석하는 '데이터 마이너', 중소기업의 퇴직연금을 관리하는 '어니스트 달러' 등에도 투자하여 핀테크 기업과의 기술 협력을 지속하고 있다.

2. 싱가포르 DBS, 보이지 않는 은행이 되다

은행이 무엇인지를 새롭게 정의하고 있는 은행이 있다. 바로 싱가포르의 'DBS'은행이다. DBS는 전통적인 은행 개념에서 벗어나, 보이지 않는 은행으로 탈바꿈하고 있다.

DBS는 굳이 DBS라는 브랜드를 내세우면서 은행 서비스를 제공할 필요가 없다고 생각한다. 은행 네트워크를 개방하고, 핀테크 회사들이 네트워크를 활용하도록 협업하는 전략을 세웠다. 보이지 않는 은행이 되기 위해 DBS는 은행 서비스를 오픈 API[17]의 형태로 외부에 개방했다. 오픈 API를 통해 핀테크 회사들은 DBS의 은행 시스템에 연결되고, 은행 서비스를 DBS 대신 제공할 수 있게 된다. 예컨대, A은행의 계좌에 접근하기 위해서는 반드시 A은행의 앱을 이용해야 하지만, DBS의 계좌에 접근하기 위해서는 DBS와 연결된 핀테크 업체의 앱을 활용할 수도 있다. DBS는 200개 이상의 오픈 API를 제공하고 있다. 계좌 조회, 환전, 자동납부와 같은 기본적인 은행 업

무 이외에도 대출, 포인트 사용, 마케팅 정보과 같은 부가 기능까지
개방하여 '보이지 않는 은행'으로 변모하고 있다.[18]

I 표4-6 I 오픈API를 통해 보이지 않는 은행으로 변신한 DBS

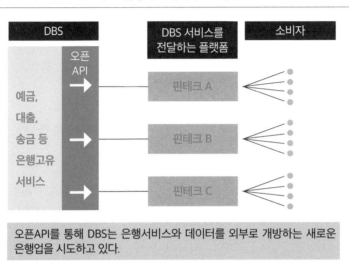

오픈API를 통해 DBS는 은행서비스와 데이터를 외부로 개방하는 새로운
은행업을 시도하고 있다.

DBS는 간편결제 사업에도 재빨리 뛰어들었다. 은행이 간편결제
사업에 뛰어든다는 것은 쉽지 않은 일이다. 은행은 이미 나름의 결
제망을 가지고 있으며, 같은 금융그룹 내에 신용카드사가 존재하
는 경우가 많기 때문이다. 카드사를 보유한 은행의 입장에서 간편결
제 서비스를 출시하는 것은 카드사의 먹거리를 스스로 위협하는 셈
이다. 그래서 간편결제 서비스는 주로 핀테크 기업이나 쇼핑 플랫폼
기업들이 주도권을 행사해 왔다.

그러나 DBS는 뼛속까지 디지털로 변신Become Digital to the Core하는
자세로 간편결제 서비스를 출시한다. DBS가 출시한 간편결제 서비

스인 'DBS PayLah!'는 휴대폰 번호를 통해 송금할 수 있으며, 싱가포르에서 그랩페이^{GrabPay}에 이어 사용률 2위를 기록하고 있다. DBS의 조사에 따르면, 싱가포르 간편결제 사용자의 70퍼센트인 160만 명이 DBS PayLah!를 사용하고 있으며, 지난 1년간 총 거래 규모는 무려 15억 싱가포르 달러에 이른다.

3. 700건이 넘는 특허를 신청한 BoA

은행이 700건이 넘는 특허를 신청했다면 믿을 수 있을까? 뱅크오브아메리카(BoA)는 2020년 한 해 동안 미국 특허청에 722건의 특허를 신청했다. 특허로 등록된 숫자가 444건이다.[19] 세계의 어떤 금융회사도 BoA만큼 특허를 신청한 곳은 없다.

BoA의 주된 관심 분야는 데이터 분석, AI, 머신러닝 기술이다. 2018년, 애플의 모바일 음성인식 비서 시리^{Siri}를 본떠 '에리카^{Erica}'를 개발했기 때문이다. 에리카는 사람 못지않은 업무처리 능력을 보여준다. 50만 개 이상의 금융 질문에 답할 수 있으며, 수십 명의 직원이 있는 1개 지점의 기능을 거뜬히 해낸다. 자연스레 언어해독 관련 특허도 증가했다. 또한 딥페이크(deepfake, 얼굴 이미지 합성 기술), 바이오메트릭스(biometrics, 생체인식 기술), 사건 감지 등의 보안 분야에도 관심이 많다.

| 표4-7 | 700건이 넘는 특허를 신청한 뱅크오브아메리카 : 분야별 특허출원 현황[20]

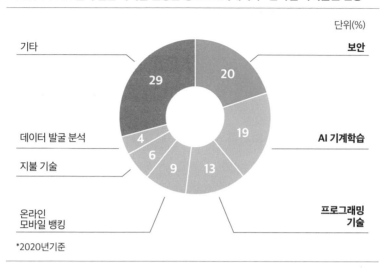

단위(%)

기타 29
보안 20
AI 기계학습 19
프로그래밍 기술 13
온라인 모바일 뱅킹 9
지불 기술 6
데이터 발굴 분석 4

*2020년기준

BoA는 플랫폼 기업들의 전략을 그대로 구사하고 있다. 에리카는 데이터를 수집하고 학습하는 머신러닝 알고리즘으로 구동된다. 수집된 데이터는 고객들을 분석하고, 상품을 만드는 데에 활용된다. '프리암PRIAM'도 데이터 기반의 투자자문 서비스다. 프리암은 기업 가치를 성장성이나 재무지표로 판단하기보다, 투자자들의 데이터를 분석한다. 이를 토대로 투자자문 서비스를 제공하는 것이다.

BoA는 블록체인 기술에 있어서도 선도적이다. 2014년 첫 번째 블록체인 특허를 출원한 이후, 82개의 특허를 보유 중이다.[21] 은행의 미래를 위협하는 기술을 먼저 확보하는 것이다. 아직 뚜렷한 활용사례는 나오지 않았으나, BoA는 프라이빗 블록체인의 효율성에 주목하고 있다. 블록체인 기술의 대중화에 대비하는 것이다.

은행 지점은 어떻게 달라질까

은행 지점들은 우리에게 가장 가까이 있는 금융기관이다. 은행은 지점 네트워크를 통해 오랫동안 금융산업에서 최강자의 자리를 지켜왔다. 하지만 이제 지점은 은행의 가장 큰 고민거리 중 하나가 되었다. 디지털 채널이 보편화되면서 은행 지점을 방문하지 않고도 대부분 업무를 처리할 수 있기 때문이다. 소비자들이 지점을 대하는 태도도 달라졌다. 새로운 고객으로 떠오르는 밀레니얼 세대는 모바일 거래에 익숙한 '디지털 네이티브Digital Native'들이다. 이들은 온라인 업무 처리를 당연시하며, 은행보다는 핀테크나 플랫폼 기업에 대한 충성도가 높다. 사람들이 은행 지점에 기대하는 바도 달라졌다. 이제 소비자들은 입출금과 같은 단순한 업무를 처리하기 위해 은행에 방문하지는 않는다. 소비자들은 모바일로 해결되지 않는 전문적인 도움이 필요할 때만 방문한다.

은행 지점도 이러한 경향에 맞춰 변화할 수밖에 없다. 모바일 중심의 금융 트렌드가 계속된다면 앞으로 단순 입출금 업무를 담당하는 직원(신속창구직원)은 감소할 수밖에 없다. 반면 지점 내에 전문적인 금융 상담을 담당하는 직원들의 비중은 커질 것이다. 단순 입출금을 담당하던 직원들의 역할 변화는 필연적이 되었다. 이들은 노약자나 디지털 소외계층을 상대하는 업무에 특화되거나, 재교육을 통해 고객들이 요구하는 역량을 갖추도록 요구될 것이다.

은행의 공간구조도 변화할 것이다. 불필요한 서류 작업이 디지털화됨에 따라 창구 뒤에 있는 직원들의 업무 공간은 점차 축소될 것이다. 대신 고객들과 상담하는 공간, 노약자와 장애인들을 위한 공간은 확장될 것이다.

또한 업무의 디지털화로 은행 지점은 예전과 같이 넓은 업무 공간을 차지할 필요도 없어졌다. 이에 은행들은 다양한 시도를 하고 있다. 대표적 전략은 '숍인숍^{Shop in Shop}' 전략이다. 우리은행은 지점의 유휴 공간을 커피 전문점 폴바셋에 임대해 '카페 인 브랜치' 지점을 2016년 선보였다. 고객들의 방문율을 높이는 동시에, 남는 공간으로 임대료 수익도 올리는 전략이다. 또한 크리스피크림과 협업해 '베이커리 인 브랜치'를 선보였다. 하나은행은 지점의 유휴 공간을

| 표4-8 | 우리은행 잠실롯데월드몰 지점: 은행과 도넛가게 간의 콜라보

카페와 서점에 임대하는 컬처뱅크 프로젝트를 추진하고 있다. 금융회사의 지점에 비╫금융 콘텐츠가 결합되는 복합 점포화 현상은 앞으로 더욱 가속화될 것으로 보인다. 복합 점포는 고객에게는 쾌적함을 제공하고 은행은 공간을 활용할 수 있게 된다.

은행 지점을 마냥 구시대의 산물로만 치부하기는 어렵다. 지점은 플랫폼 기업과 핀테크 회사들과 차별화되는 은행만의 고유한 경쟁력이 있다. 여전히 온라인 창구에서 처리하기 어려운 업무들도 많다. 은행의 주요 수익원인 '주택담보대출'은 반드시 은행지점을 방문해야 처리할 수 있는 업무다.[22] 주택 구입 계약서에 도장을 찍는 작업과 주택 등기 절차 등이 필요한데, 이는 아직 온라인으로 처리하기 어렵기 때문이다.

은행의 또 다른 주요 수익원인 아파트 '집단대출'도 온라인 거래가 구조적으로 불가능하다. 대출 취급 시 건설사와 보증기관이 개입되는 등 이해관계자가 다양하기 때문이다. 시간이 지남에 따라 더 많은 거래가 온라인으로 완결되겠지만, 한동안은 고객과의 접점을 유지하는 수단으로서 지점이 존재할 가능성이 크다. 은행의 입장에서도 지점은 고객과의 관계를 강화하고, 플랫폼 기업이나 핀테크 기업과 차별화된 서비스를 제공하는 수단으로 활용할 가능성이 크다.

세계적인 지점 통폐합 트렌드와 반대로 움직이고 있는 글로벌 은행들도 있다. 미국의 'JP모건 체이스'와 '뱅크오브아메리카(BOA)'다. 2018년 JP모건 체이스는 향후 400개 지점을 새로 개설할 것이라고 발표했으며, 뱅크오브아메리카는 향후 3년 안에 지점 350개를 새로 내겠다는 계획을 발표했다. 자산가들은 여전히 자산관리를 위해 오프라인 지점을 찾고 있다. 모기지 대출과 같이 돈이 되는 거래는 지점을 통해 이루어지기 때문이다.

JP모건 체이스는 지점의 고객 응대 품질을 높이기 위해서도 노력하고 있다. JP모건 체이스는 2019년 기준 지점의 고객 응대 시간이 전년 대비 7퍼센트 증가하였고, 지점당 예금액은 2014년 대비 62퍼센트 증가했다.[23]

은행의 DNA가 미래에도 살아남는 방법

향후 금융산업에서 일어날 가장 큰 경쟁은 '플랫폼 장악'을 둘러싼 싸움이다.[24] 빅테크 회사, 핀테크 회사, 금융회사는 모두 자신이 금융상품의 판매 플랫폼이 되는 모습을 꿈꾸고 있다. 카카오와 네이버는 자신이 '금융 플랫폼'이 되는 모습을 그리고 있다. 아마존과 쿠팡이 소상공인들을 입점시켜 제품 판매 플랫폼이 되었듯이, 카카오와 네이버도 은행, 보험을 입점시키는 시나리오를 그린다. 네이버와 카카오를 통해 예금에 가입하고, 대출을 받고, 펀드에 투자하는 구조다.[25] 이는 네이버와 카카오를 중심으로 형성된 '오픈뱅킹Open Banking'의 모습이다.

은행들은 정반대의 시나리오를 그린다. 은행이 쿠팡이 되고, 핀테크 업체들이 은행에 입점하는 시나리오다. 은행은 금융상품을 판매하고, 은행이 제공하지 못하는 서비스들은 입점한 핀테크들이 공급한다. 은행이 금융서비스를 판매하는 플랫폼이 된다는 의미에서 이는 '뱅킹 마켓플레이스banking marketplace'의 구조이다.[26]

| 표4-9 | 은행업의 미래: 오픈뱅킹 vs 뱅킹마켓플레이스

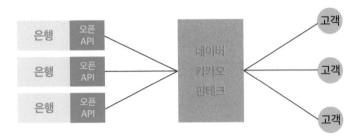

은행의 서비스를 핀테크가 중개하는 오픈뱅킹(Open Banking) 서비스

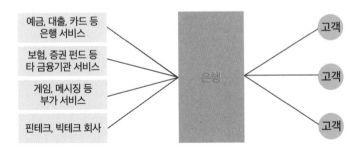

은행 등의 금융회사들이 금융서비스의 오픈마켓이 되는
뱅킹마켓플레이스(Banking Market Place)

어떤 시나리오가 보다 현실성이 있을까? 이는 누가 플랫폼으로서 더 훌륭한 역량을 지니고 있느냐에 따라 좌우된다. 우선, 금융 플랫폼 기업은 고객 접점에 강해야 한다. 개인의 취향을 파악하고, 개인형·맞춤형 금융상품을 추천하고 판매할 수 있어야 한다. 따라서 이

들의 핵심역량은 데이터 수집과 분석이다. 금융 데이터와 건강, 통신, 상거래 등의 비금융 데이터를 결합하여 소비자들의 선호를 파악하는 것이다. 빅데이터, AI, 바이오메트릭스, 사물인터넷 등 첨단기술의 활용 여부도 이들의 경쟁력을 좌우할 것이다.

카카오와 같은 플랫폼 기업과 KB금융과 같은 금융회사 중 누가 더 경쟁력 있는 금융 플랫폼이 될 것인지는 섣불리 예측하기는 어렵다. 두 기업 모두 각자 뚜렷한 강점을 지니고 있기 때문이다. 양자 모두 금융·비금융 데이터를 보유하고 있으며, 고객 접점에서도 나름의 영업 노하우를 축적하고 있다.[27]

다만, 금융그룹은 플랫폼 이탈을 막아 멀티호밍 비용을 높게 가져가는 데에 우위가 있으며, 상품판매, 큐레이팅, 네트워크 효과 등 플랫폼의 본질적 요소에서는 빅테크 기업이 우위를 보일 가능성이 높다.

은행은 '판매 플랫폼'이 아니라, '서비스 플랫폼'이 되는 전략을 택할 수도 있다. 은행의 업무를 레고블록처럼 하나하나씩 분해할 수 있다면, 이 레고블록을 다른 회사에 개방하는 비즈니스 모델도 가능하다. 예컨대 네이버가 '네이버적금'이라는 이름의 금융상품을 판매하는데, '네이버적금'을 운영하기 위한 실무 작업은 시중은행이 하는 것이다.[28] 이 경우 은행은 은행 서비스와 네이버를 연결하는 '서비스 플랫폼'이 된다. 금융상품 제조업체에 은행 서비스를 공급하는 '서비스로서의 은행BaaS: Bank-as-a-Service'[29] 역할을 하게 된다. 그리고 서비스를 제공한 대가로 '화이트 라벨(White Label, 은행 브랜드를 달지

않은 서비스)' 수수료 수입을 얻는다.[30]

BaaS는 국내에서도 나타나고 있는 트렌드다. 금융회사들은 오픈 API의 형태로 자사의 데이터를 개방하고 있으며, 핀테크 회사들도 '지정대리인 제도'[31]를 통해 금융회사의 업무를 수행하고 있다. 금융 회사들도 자사의 서비스를 따로 떼어내어 타금융기관과 파트너십을 맺고 있다. 신한은행은 일본의 도쿄 기라보시 파이낸셜 그룹이 설립한 디지털 전문은행에 클라우드 뱅킹 시스템을 따로 떼어 제공하는 계약을 체결했다.[32] KB증권도 마찬가지다. 2020년 KB증권도 증권거래, 투자 자문 기능을 모듈로 만들어 핀테크 회사에 판매하고 있다.

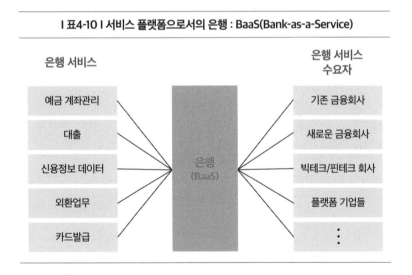

I 표4-10 I 서비스 플랫폼으로서의 은행 : BaaS(Bank-as-a-Service)

은행 서비스가 쪼개어질 수 있다면, 이를 재구성하는 '제조전문 기업'도 등장할 수도 있다. 제조전문 기업의 역할은 은행의 밸류체 인Value-chain을 분해Unbundling하고 고객의 입장에서 재결합Re-Bundling

184

하는 것이다. 이들이 금융 서비스를 재결합하는 기준은 과거와 다르다. 과거의 '상품 지향적'$^{Product-oriented}$ 방식에서 벗어나, '솔루션 지향적$^{Solution-oriented}$'인 방식으로 변모할 것이다.

이러한 변화의 초보적 형태는 카드산업에서 발생하고 있다. 스타벅스나 배달의민족처럼 판매사의 브랜드를 딴 PLCC 카드는 전통적 카드 서비스를 해체하고, 재결합한 상품이다. 카드사의 밸류체인과 판매사의 브랜드를 결합시켜 새로운 카드상품을 만든 것이다.

은행이나 보험업에서도 이러한 흐름은 이어질 수 있다. BaaS를 기반으로 금융상품 제조에 특화된 기업이 등장하는 것이다. 이들의 등장은 금융산업에서 파트너십의 중요성이 점차 커질 것임을 시사한다. 다양한 금융니즈를 충족하기 위해 판매에 특화된 금융 플랫폼과 운영에 특화된 BaaS 기업과의 제휴와 협력이 필요해지는 것이다.

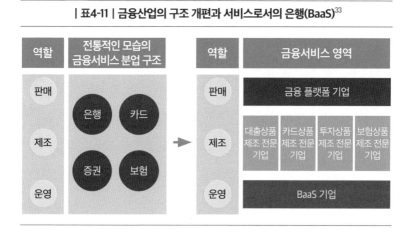

| 표4-11 | 금융산업의 구조 개편과 서비스로서의 은행(BaaS)[33]

오늘날의 자본주의는 사유私有와 공유共有 사이의 적절한 균형점을 찾는 작업이 필요하다. 우리 사회가 지향하는 혁신을 가로막지 않으면서, 혁신의 그늘에 가려진 사회적 약자들에게도 따뜻한 손길을 내밀어 줄 수 있는 인간적인 제도를 설계하는 일이다.

PART 5

PLATFORM ECONOMY AND

네트워크가
만드는
자본주의
이후의 세계

SUCH THING AS A FREE LUNCH

플랫폼 기업을
어떻게 규제할 것인가

위기에 처한 자본주의가 맞닥뜨린 문제

포스트 자본주의를 향한 인류의 여정은 이미 시작되었다. 자동차 사고가 위험하다고 자동차를 없애고 농경사회로 돌아갈 수 없듯이, 네트워크가 촉발하는 변화가 두렵다고 과거로 회귀할 수는 없다. 우리는 이미 미래를 향해 출발했고, 너무 많이 와버렸다.

자본주의를 넘어서는 새로운 사회가 등장한다면, 이 사회가 인류에게 던지는 새로운 과제들도 등장할 것이다. 바로 다음과 같은 질문들이다. 이 질문들은 머지않은 미래 사회에 우리 인류가 반드시 풀어야 할 과제다.

1. 네트워크가 낳은 새로운 권력(예. 플랫폼 기업)을 어떻게 통제할 것인가?

2. 노동력이 인공지능과 기계로 대체된다면, 인간은 이제 무엇을 할 것인가?

3. 지속적으로 증가하는 불평등에 대해 어떻게 대응할 것인가?

4. 중앙집권화된 기관이 필요 없어진다면 정부의 역할은 무엇인가?

5. 시장의 역할이 사라지면 금융의 기능은 누가 수행할 것인가?

자본주의, 민주주의라는 기본 가치가 위협받는 포스트 자본주의 시대에 사람이 살 만한 새로운 인본주의 사회를 만들기 위한 기본적인 논의다. 자동차가 등장하자 교통사고를 예방하기 위해 교통법규가 제정되었듯이, 네트워크 시대에도 새롭게 등장할 위험요인을 관리하기 위한 새로운 제도 설계가 필요하다.

플랫폼과 산업을 분리한다면

금융에는 '금산분리'라는 규제가 있다. 금융회사와 일반 산업을 분리하는 규제다. 삼성전자는 국민은행을 소유할 수 없으며, 거꾸로 국민은행도 삼성전자를 지배할 수 없다. 금산분리 규제를 둔 목적은 산업자본이 은행을 이용하여 부당하게 사업을 확장하는 것을 막기 위해서다. 만약 특정 은행이 삼성의 지배를 받는다면, 삼성그룹은 은행의 자금력을 사적으로 이용할 수도 있기 때문이다. 기업들은 은행의 자금력을 활용해 손쉽게 사업을 확장할 수도 있다. 하지만 금산분리는 이와 같이 기업이 금융의 힘을 빌려 사업을 손쉽게 확장하는 꼼수를 막아 준다.[1]

플랫폼 산업에서도 금산분리가 방지하고자 하는 이러한 상황과 유사한 경우가 나타난다. 플랫폼 기업은 플랫폼의 힘을 활용해 타 산업에 너무나도 손쉽게 진출한다. 카카오는 금융, 상거래, 검색, 게임, 패션, 배달, 택시사업 등으로 손쉽게 사업을 확장하고 있다. 어쩌면 오늘날에는 플랫폼의 힘이 금융의 힘보다 강할지도 모른다. 설령, 변변치 못한 기업이라고 하더라도 카카오와 손을 잡으면 시장에서 지배적 기업이 될 수 있다.

따라서 플랫폼 기업에 대해 금산분리와 유사한 '플산분리' 규제의 도입을 검토해 볼 필요가 있다. 플산분리란, 플랫폼 기업과 인접 산업adjacent business 간의 분리를 의미한다. 네트워크 기업들이 플랫폼의 독점력을 이용하여 인접 산업에 마구잡이로 진입하는 것을 금지하자는 취지다.

우리나라의 경우에는 빅테크BigTech 기업인 네이버나 카카오에 대해 플산분리 규제를 적용해 볼 만하다. 플랫폼의 힘을 바탕으로 인접 산업에 무분별하게 진출하여, 잠재적 경쟁기업을 죽이는 행위를 막자는 취지다. 물론 인접 산업의 범위에 대해서는 심도 있는 논의와 입법을 통해 해결해야 할 문제다.

그러나 네트워크 기업의 핵심 서비스core service와 부가서비스 augmented service의 범위를 획정한다면, 인접 산업의 범위도 쉽게 정의될 것이라 본다. 기업의 핵심 서비스만을 남겨두고, 핵심과 무관한 부가서비스 산업에 대한 진출은 막는 방식이다. 예컨대, 미국의 경우 구글이 검색엔진이 아닌 유튜브를 운영하지 못하게 하고, 페이스북은 인스타그램을 운영하지 못하도록 하고, 애플은 앱스토어를 운영하지 못하게 하는 것이다.

플산분리보다 더 강력한 처방은 '기업분할'이다. 특정 산업에 진출하는 것을 금지하는 것이 아니라, 커져 버린 플랫폼 기업을 쪼개자는 것이다. 이러한 주장은 이미 현실에서도 제기되고 있다. 2020년 10월, 미국 하원은 GAFA(구글, 아마존, 페이스북, 애플)에 대한 기업분할을 권고한 바 있다. GAFA가 무분별하게 인접 산업으로 진출하자, 새로운 기업들이 시장에 등장하지 못하는 문제가 발생하고 있기 때문이다. 이러한 상황에서 미국 하원이 극단적 처방을 권고한 것이다.

| 표5-1 | 미국 테크기업에 제기된 반독점 혐의

구글	페이스북	아마존	애플
• 미국 검색 시장 **90%** • 검색·온라인광고 시장 독점	• SNS 점유율 **70%** • 인스타그램(2012년), 와츠앱(2014년) 인수로 소셜 미디어 시장 독점	• 미국 온라인 소매 시장 매출의 **75%** • 온라인 소매 시장 독점적 지위 앞세워 입점 판매자에게 횡포	• 세계 스마트폰의 **26%**가 애플 앱장터 • 앱장터 내 지배력 남용해 타사 서비스 배제
미 하원 보고서 주요 권고 내용	**• 비슷한 분야의 사업을 구조적으로 분리** →구글은 유튜브, 페이스북은 인스타그램 와츠앱 분할 가능성 **• 인수합병할 경우 시장 경쟁을 저해하지 않는다는 점을 해당 기업이 입증해야 함** →향후 기업인수 어려워질 가능성		

*출처: 《조선일보》 2020. 10. 8.

한국에도 플랫폼 기업을 규율하는 법규들이 있다. 그러나 플랫폼 기업이 양면시장의 특징을 띠고 있음에도 불구하고, 양면 모두를 종합적으로 규율하는 특별법은 존재하지 않는다. 소비자 쪽을 보호하는 특별법으로는 전자상거래법이 있다. 그러나 판매자 쪽을 규율하는 특별법은 없다. 이에 공정거래위원회는 2020년 온라인 플랫폼법의 제정에 나섰다. 플랫폼 기업이 입점 업체에 손실을 부당하게 떠넘기는 갑질을 막겠다는 취지다. 그러나 여전히 플랫폼 기업을 더욱 강력하게 규율하는 방안은 논의되지 못하고 있다. 우리나라도 언젠가는 비대해진 플랫폼 기업에 대한 기업분할 및 플산분리를 공정한 경쟁 질서를 유지하기 위한 수단으로 고려해 볼 수 있다.

| 표5-2 | 우리나라에서 플랫폼 거래 관계를 규율하는 법규들

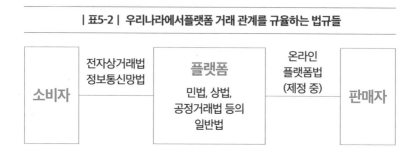

인공지능에 대한 외부감사제도

인공지능 감사監査제도도 플랫폼 기업 견제수단으로 도입되어야 한다. 인공지능 감사란, 인공지능이 공정하게 작동하고 있는지를 제3의 기관이 검증하는 제도를 말한다. 기업들이 회계 처리를 적절히

하고 있는지를 회계법인으로부터 외부감사를 받는 것처럼, 기업들이 운영하는 인공지능도 외부기관으로부터 감사를 받는 것이다. 특히 인터넷 포털처럼 인공지능의 공정성과 중립성이 중요한 영역에서 이 제도의 필요성은 커지고 있다. 인터넷 포털은 인공지능의 알고리즘을 조작하여 뉴스, 동영상 검색 결과를 자기 회사에 유리하게 만들 수도 있기 때문이다.

2019년 미국의 온라인 쇼핑몰인 아마존은 수익률을 높이기 위해 상품 검색 알고리즘을 조작했다는 의혹을 받았다. 인기가 높은 상품보다 자사에 수익이 많은 상품을 추천하도록 검색 알고리즘을 조작한 것이다. 우리나라에서도 인공지능 알고리즘을 자사에 유리하게 조작하는 사례가 있었다. 2020년 10월, 국내 최대 포털 네이버는 이러한 혐의를 받아 공정거래위원회로부터 267억 원의 과징금 처분을 받았다. 네이버는 알고리즘에 의해 자동으로 검색 순위가 정해진다고 설명해 왔는데, 공정위의 주장에 따르면 네이버는 알고리즘을 조작한 것으로 드러났다.[2]

물론 반론도 있다. 인공지능의 알고리즘은 그 기업의 영업비밀인데 제3의 기관이 기업의 영업비밀을 굳이 알 필요가 없다는 주장이다. 이들은 외부감사보다는 기업 자율로 인공지능을 통제하는 방식이 타당하다고 주장한다. 아직 인공지능에 대해 감사제도가 필요한지에 대한 사회적 공감대가 형성되지는 않은 상황이다.

외부감사와 내부통제 중 무엇이 효과적인지에 대한 논의도 이루어지지 않고 있다. 그러나 분명한 것은 인공지능이 우리 생활에 미치는 영향이 점점 커지고 있으며, 이를 특정 세력의 이해관계에 알맞도록 조작할 유인도 점점 커진다는 사실이다.

기업을 완전히 쪼개어 놓은 세계

플랫폼 기업의 권력이 비대해지는 것을 방지하기 위해 기업경영권을 분산하는 것도 고려해 볼 수 있다. 기업 경영권을 나누어 갖는다는 의결권 분유分有가 새로운 아이디어는 아니다. 이해관계자 자본주의Stakeholder Capitalism에 기반하는 북유럽 및 대륙계 국가에서는 1940~1950년대부터 이미 기업 경영권을 여러 계층이 나누어 행사하고 있다. 이 관점은 기업을 주주를 위해 일하는 실체로만 보지 않는다. 오히려 기업은 주주, 노동자, 채권자, 환경 등 다양한 이해관계자를 위해 움직이는 실체다. 따라서 노동자를 대표하는 노동이사들이 존재하며, 이들은 이사회에서 의결권을 지닌다.

주주가 행사할 수 있는 의결권의 상한을 정하는 것도 경영권 분산을 위한 방법이다. 얼마나 많은 주식을 지니고 있는지와 관계없이 예를 들어 최대 10퍼센트의 의결권만 행사할 수 있다고 규정하는 방식이다. 우리나라에서 최근 도입된 상법 개정안(감사위원 분리 선출)도 비슷한 맥락이다. 대주주의 영향력을 최소화하기 위해 감사위원을 선출할 때는 얼마나 많은 지분을 보유하는지와 관계없이 최대 3퍼센트까지만 의결권을 행사할 수 있도록 규정하는 것이다. 물론 기업

옥죄기라는 비난도 제기되는 제도다. 그러나 포스트 자본주의 시대의 플랫폼 기업에 대한 민주적 통제를 강화하는 좋은 대안이 될 수 있다.

플랫폼 기업의
독점에 대처하는 방법

데이터 공룡들의 독식에 맞서기 위해

구글은 내가 방문했던 장소를 모두 기억하고 있으며, 애플과 삼성은 스마트워치를 통해 나의 건강정보를 나보다 더 잘 안다. 카카오는 내가 방문했던 장소와 나의 인간관계까지 알고 있다. 머지않아 나보다 나를 더 잘 아는 플랫폼 기업들이 탄생할 것이다. 플랫폼 기업들이 획득한 데이터는 이들을 데이터 우위$^{\text{Data Advantage}}$에 서게 하고, 이는 플랫폼 기업의 시장지배력을 더욱 강화할 것이다.

플랫폼 기업들의 정보우위$^{\text{Data Advantage}}$**를 견제할 방법은 무엇일까?** 바로 그들이 수집한 데이터 공유$^{\text{DSM: Data Sharing Mandates}}$를 의무화하는 것이다. 이미 유럽에서는 미국의 IT 공룡들을 견제하기 위해 경쟁사들과 데이터를 공유해야 한다는 주장이 공식적으로 제기되었다.[3] 일정 규모 이상의 디지털 기업은 보유한 데이터를 학계, 경쟁사 등과 의무적으로 공유하자는 것이다. 만약 강제적인 공유의무 부과가 과도한 조치라고 생각한다면, 데이터를 자유롭게 사고팔 수 있는 데이터 시장을 만들자는 주장도 있다.[4] 어떠한 방식으로든 초거대 플랫폼 기업이 독점하는 정보를 공유하자는 취지다.

물론 데이터 공유에 대한 비판도 존재한다. 플랫폼 기업이 힘들게 취득한 정보를 대가 없이 공유하는 것은 플랫폼 기업의 혁신을 저해할 수도 있다. 그리고 그 피해는 결국 소비자들에게 돌아온다. 소비자 입장에서는 카카오톡의 독점에는 관심이 없다. 카카오가 내 개인정보를 독점하여 더 좋은 서비스를 만들어낸다면 오히려 나는 편리해지기 때문이다.

한편, 보안 문제도 제기된다. 개인정보를 경쟁기업들과 공유하면 정보유출 및 해킹의 위협에 더욱 취약해지는 것이다. 따라서 데이터 공유의무[DSM]를 부여하더라도 이러한 부작용을 함께 고려해야 한다. 보안을 강화하거나, 플랫폼 기업들이 혁신을 지속할 수 있도록 유인하는 방안도 필요하다. 이미 유럽은 미국에 빼앗긴 정보 주권을 찾기 위해 데이터 공유를 시행하려는 움직임을 보이고 있다.[5]

아직 결론은 나지 않았다. 그러나 분명 EU의 대응은 데이터 주권에 대한 논의를 가속화하고, 세계 데이터 기업의 판도를 가르는 중요한 분기점이 될 것이다.

독점소득에 대한 과세

기존 자본주의에서는 기업의 혁신과 경쟁을 유인하기 위해 되도록 낮은 소득세가 유리했다. 소득세와 법인세를 낮게 부과해 사람들이 더욱 열심히 일할 수 있도록 유인한 것이다. 그래서 1970년대 이후 전 세계 소득세와 법인세는 계속해서 낮아졌다. 우리나라의 경우 1970년대 소득세 최고세율은 70퍼센트에 달했지만, 2020년 현재 최고 소득세율은 42퍼센트다. 법인세율 최고 구간도 1950년에는 70퍼센트대였지만 지금은 25퍼센트다.

그러나 낮은 세율은 네트워크가 없던 자본주의 체제에서 이루어진 사회적 합의^{consensus}**에 불과하다.** 만약 네트워크 경제에서 독점이 일반적 현상이라면 세제는 지금보다 훨씬 고율^{高率}로 개편되어야 한다. 네트워크 기업이 독점하여 창출하는 소득을 사회로 환원하는 장치를 만드는 것이다. 물론 어느 정도가 고율인지에 대해서는 정해진 답은 없다. 그러나 우리나라의 경우 1975년 소득세 최고세율이 70~80퍼센트였으며, 1960~1970년대 미국 최고 소득 구간의 소득세율은 90퍼센트를 상회했다. 이러한 역사적 경험은 향후 소득세, 법인세 수준을 결정하는 데 하나의 기준이 될 수 있다.

한편, 네트워크 소득세를 신설하자는 주장도 가능하다. 내가 번 소득 중 땀을 흘려 번 부분과 네트워크가 벌어들인 부분을 구분할 수 있다면, 네트워크가 벌어들인 소득에 대해서는 별도의 세금을 부과하는 것이다. 물론 전체 소득 중 네트워크가 번 부분을 정확히 구분해 내기란 쉽지 않다. 그렇지만 앞서 살펴본 스포츠 스타, 맛집, 인기 유튜버, 인기 학원강사들의 사례에서 알 수 있듯이 네트워크는 분명 승자독식의 구조를 만들고 있으며, 승자에게 소득을 집중시키고 있다.

소득 집중 현상은 스포츠 스타의 연봉 변화를 통해 살펴볼 수 있다. 1975년, 브라질의 축구스타 펠레^{Pele}는 10억 원이라는 사상 최대

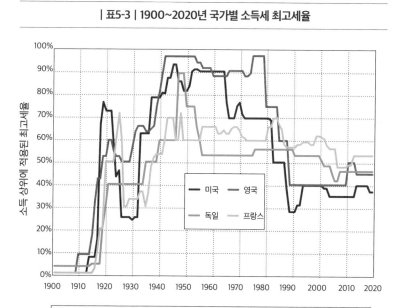

| 표5-3 | 1900~2020년 국가별 소득세 최고세율

소득상위에 적용가능한 소득세의 최고세율은 1900~1932년 미국에서 평균 23%, 1932~1980년에 81%, 1980~2018년에 39%였다. 같은 시기 영국에서는 각각 30%, 89%, 46%, 독일에서는 18%,58%,50%, 프랑스에서는 23%, 60%, 57%였다. 세금의 누진성은 특히 미국과 영국에서 20세기 중반에 최대치였다.

*출처: piketty.pse.ens.fr

의 수입을 올렸다. 오늘날로 환산하면 약 160억 원 정도의 화폐가치다. 그러나 2020년, 아르헨티나의 축구스타 메시(Messi)는 1,485억 원을 벌어들였다. 축구스타의 몸값이 지난 45년에 걸쳐 10배 가까이 뛴 것이다. 축구라는 스포츠가 더욱 대중화된 탓도 있겠지만 네트워크가 스포츠 스타에게 소득을 더욱 집중시킨 결과이기도 하다.

이처럼 네트워크가 소득을 창출하고 집중시키는 효과를 지닌다면, 네트워크가 만들어내는 소득에 대해 별도의 과세를 하자는 주장도 가능해지는 것이다.

네트워크뿐만 아니라 일각에서는 로봇세를 신설하자는 주장도 제기되고 있다. 로봇세는 로봇, 자동화 설비를 이용해 사람들의 일자리를 빼앗는 기업에 매기는 세금을 의미한다. 2017년 빌게이츠가 "인간의 일자리를 대체하는 로봇에게도 세금을 매기자."라고 주장하면서 공론화되었다. 빌게이츠는 늘어난 세수로 근로자와 사회적 약자를 지원할 수 있고, 로봇세를 도입하면 기업의 자동화 속도를 조금이라도 늦출 수 있다는 점을 근거로 들었다.

물론 로봇세 도입에 대한 반론도 만만치 않다. 결국 미래에는 로봇을 통한 생산이 일반화될 텐데, 로봇의 도입을 억누르는 조세정책은 글로벌 경쟁에서 뒤처지는 결과를 초래할 것이라는 반론이다. 이중과세 문제도 제기된다. 기업이 벌어들인 소득은 이미 법인세로 납부하는데, 굳이 로봇세를 도입할 필요가 있냐는 주장이다. 또한 로봇으로 인해 일자리가 얼마나 감소할지 알 수 없는 상황에서 어떤 방법으로 세금을 부과할지도 아직 논쟁의 영역으로 남아 있는 상황이다.

조세 수입을 어떻게 사용할 것인가

세제 정비와 동시에 조세 수입을 사회로 환원하는 장치도 마련해야 한다. 이때 기본소득제도와 기초자본제도는 자본의 순환을 촉진하는 제도가 될 수 있다.

먼저, 기본소득제도는 기술 발전에 따라 노동의 기회를 빼앗긴 평범한 사람들에게 일정 소득을 나누어 주는 제도다. 사람들이 기본적인 생활 수준을 유지할 수 있도록 최소한의 기본소득을 지급하는 것이다. 직업이 있는지, 부유한지 가난한지도 따지지 않는다. 인간이라면 누구에게나 생존에 필요한 기본소득을 매달 지급하여 기본적인 소비력을 유지하도록 지켜 주는 것이다.

기초자본제도도 유사하다. 그러나 기본소득제도가 최소한의 생계비를 보장하는 것이라면, 기초자본제도는 도전할 기회를 보장하는 제도다. 성인이 되면 투표권이 생기듯 모든 국민이 서른 살이 되면 일정 금액의 자본을 한 번에 받는 것이다.[6]

기초 자본은 다양하게 활용될 수 있다. 사업을 시도해 볼 수도 있으며, 주택 마련이 필요하다면 주택 구입에 활용할 수도 있다. 무엇을 하든 개인의 선택에 맡겨진 만큼 투자에 따른 실패도 개인의 몫이다. 이 제도는 누구에게든 도전해 볼 수 있는 최소한의 기회를 보장하자는 취지다.

금융과 노동이
사라진다면

금융 이후의 금융, 금융을 대체할 새로운 도구

금융은 기업의 탄생부터 죽음까지 관장한다. 금융은 유망한 기업을 골라내 자금을 공급한다. 반대로 어떤 기업의 실적이 부실해 보이면 과감히 빌려준 자본을 회수한다. 만기를 연장하지 않는 것이다. 이 과정에서 부실기업들은 죽음을 맞이한다. 이를 보고 "비 올 때 우산을 뺏는다."라고 비난하지만, 부실기업을 퇴출시키는 것은 금융의 고유한 기능이다. 그리고 부실기업으로부터 회수된 자금은 수익성이 높은 기업에 재투자된다. 이것이 금융의 자원 배분 기능이다. 이 과정에서 자본은 부실기업에서 유망기업으로 이동한다.

| 표5-4 | 금융은 어떤 역할을 하고 있는가

기업 선별	자금 지원	자금 회수

- 유망한 기업을 발굴
- 기업 정보를 생성
	- 희소한 자원을 배분
	- 자원을 모으고
	  나누는 기능
	- 위험 관리
		- 부실한 기업 발굴
		- 부실한 기업의
		  자금 회수
		- 회수한 자금의 재투자

반면 사회주의에서 자원을 배분하는 도구는 정부의 계획이다. 정부가 유망산업을 선정하고 예산을 투입한다. 그러나 국가경제를 정교하게 계산하는 것은 어려운 작업이다. 변화의 속도가 느리다면 계획경제 방식도 나름 효과적이었을 것이다. 대부분의 변수가 예측 가능하기 때문이다. 그러나 경제환경이 빠르게 변화할수록 중앙집권화된 계획경제는 약점에 부딪힌다. 예상치 못한 변수가 계속 등장하기 때문이다. 정부가 휴대전화 사업에 엄청난 투자를 했는데, 갑자기 스티브 잡스가 스마트폰이라는 새로운 제품을 가지고 나오면 기존의 휴대전화 사업 투자는 무의미한 일이 되어 버리는 것과 같은 이치다.

결과적으로 보면, 지금까지의 자본주의 사회에서는 분권화된 의사결정 체계인 금융이 중앙집권적인 정부의 계획보다 우월했다. 금융은 기업실적, 주가, 금리 등의 경제 변수뿐만 아니라, 정치, 문화, 외교 관계와 같은 다양한 변수도 고려한다. 물론 금융이 미래 예측에 항상 성공하는 것은 아니다. 수많은 금융회사가 예측에 실패했으며, 실패한 금융회사는 시장에서 퇴출되었다. 항상 금융이 옳을 수는 없지만, 다양한 기준을 가지고 미래를 예측하는 수많은 금융회사가 존재하기 때문에 확률적으로 혁신에 대한 투자가 가능했다.

정부의 계획은 '모 아니면 도' 방식이다. 하지만 정부는 다양한 경제 변수를 계산할 능력이 부족했으며, 정확한 기초 데이터조차 수집하지 못할 때가 많았다. 게다가 계획을 계속 수정해 나가는 유연함도 부족했다. 사회가 복잡해지자 계획은 완전히 힘을 잃었다. 고려해야 하는 데이터의 양이 많아질수록 시장과 금융이라는 분권화된 기구는 중앙집권화된 계획보다 우수한 성과를 냈다.

미래에는 누가 금융의 역할을 할까? 누가 유망한 기업을 골라내서 투자하는 역할을 담당할까? 이 질문은 자본주의 이후 시대에는 "누가 정보와 데이터를 보다 정확하게 처리할 수 있느냐" 하는 문제와 같다. 만약 금융보다 미래를 정확하게 예측하는 기구가 등장한다면, 이 기구가 자원 배분이라는 금융의 기능을 맡게 될 것이다.

금융을 대체할 가장 강력한 후보는 바로 정교화된 계획경제다. 언젠가는 계획이 금융보다 정확하게 데이터를 처리하는 시대가 올 것이다. 알파고와 이세돌 9단의 바둑 대결에서 보았듯이, 인공지능의 정보처리 능력은 어떤 영역에서는 인간을 넘어섰다. 그리고 인공지능이 인간을 넘어서는 영역은 점점 많아질 것이다. 먼 미래에 금융보다 우수한 미래 예측 능력이 있는 슈퍼 인텔리전스가 탄생한다면, 이 슈퍼 인텔리전스가 세우는 계획에 자원 배분을 맡기는 것이 낫다.

슈퍼 인텔리전스에 기반한 계획경제가 탄생할 수 있는 또 다른 이유는 광범위한 데이터 수집에 있다. 네트워크 경제는 궁극적으로 모든 사람과 사물을 네트워크로 연결하는 방향으로 진화할 것이다. 냉장고에도 인공지능과 네트워크가 연결되어 필요한 반찬과 과일 수요에 대한 데이터를 생성할 것이다. 자동차에도 네트워크가 연결되어 가솔린 소비 데이터를 생성할 것이다.

이처럼 사물인터넷^{IoT}은 모든 사물을 데이터 생산자로 만든다. 그리고 이 데이터는 중앙정부로 보고된다. 중앙정부가 데이터를 수집하고 분석하는 관리자가 되는 것이다. 그리고 정부가 소유한 슈퍼 인텔리전스는 모든 데이터를 바탕으로 더욱 정교한 미래 예측을 할 것이다.

계획경제가 금융을 대체하리라고 생각하는 또 다른 이유도 있다. 포스트 자본주의 사회에서는 정부 부문에 자금이 남아돌 가능성이 있다. 앞서 말한 대로 고율의 소득세와 법인세가 도입되면, 정부는 많은 조세수입을 거둘 수 있기 때문이다. 지금도 이 조세수입은 정부 지출로 사회 곳곳에 쓰이지만, 네트워크 시대에는 정부가 막대한 잉여자금을 바탕으로 자원을 배분하는 정교화된 계획경제가 탄생하는 것이다.

네트워크 그 자체는 금융을 대체할 수 있는 두 번째 후보다. 네트워크를 통해 형성된 집단지성은 금융회사보다 미래 예측력이 뛰어날 수도 있다. 지금도 P2P와 같은 새로운 금융기법들은 초보적인 수준에서 투자안을 평가하고 자금을 공급하고 있다. 특히 대중들의 인기가 중요한 성공 척도가 되는 영화, 드라마, 신제품 등의 분야에서 흥행성을 예측할 때 다수의 대중이 참여하는 집단지성은 더욱 힘을 발휘한다.

집단지성이 미래 예측에 활용되는 대표 사례로, 미국의 할리우드 주식시장HSX: Hollywood Stock Exchange이 있다. 이 시장에서는 영화와 연예인들의 가상주식이 거래된다. 어떤 영화의 주식이 10달러에 거래된다면 이는 이 영화의 최종 관람객 수가 1천만 명임을 의미한다. 영화 상영 기간이 종료되면서 최종 관람객 수가 확정되면 최종 주가도 함께 확정된다. 그전까지 투자자들은 정확한 관람객 수(가격)를 맞추기 위해 주식을 거래하며 예측했다. 주식가격을 정확하게 예측한 투자자일수록 수익률이 높다. 다수의 대중이 참여하는 이 주식시장의 예측력은 우수한 성과를 냈다. 2007년에는 오스카상 후보 39명 중 32명을 맞혔으며, 수상자 8명 중 7명을 맞히기도 했다.[7] 이렇게 집단지성을 예측의 영역에 활용한 시장을 예측시장prediction market이라고 한다.

집단지성과 결합한 블록체인도 금융 이후의 금융이 될 수 있다. 블록체인은 본래 은행이라는 중개인을 배제하는 탈중앙화의 알고리즘이다. 블록체인 참여자들은 투표(합의)로 투자할 프로젝트를 선정하고, 이 투표에 기반해 코인을 추가 발행하거나 대출하는 방법이다. 프로젝트가 성공적으로 마무리되면, 이익금은 참여자들이 함께 나눈다. 블록체인을 통해 참여자들이 투자안을 평가하고 신용을 공급하는 퍼블릭 파이낸싱public financing 8 방식이다.

노동이 사라지면 우리는 무슨 일을 할까

자동화가 극한의 수준에 도달해 노동의 필요성이 완전히 사라지면 사람들은 무슨 일을 하며 살까? 인공지능이 인간을 대체한다면, 인간은 노동시장에서 설 자리를 찾기가 쉽지 않을 것이다. 인간보다 더 현명한 로봇 관리자가 등장하고, 인간보다 더 정확한 진단을 내리는 로봇 의사도 등장할 것이기 때문이다. 따라서 노동이 종말한 세계에서 사람들은 행복과 쾌락을 추구하는 '소비하는 인간'에서 그 의미를 찾을 수도 있을 것이다. 노래를 부르고, 술을 마시고, 여행을 다니고, 이야기를 나누는 것이 우리 인간이 해야 하는 일이 될지 모른다. 소비 그 자체가 일이 되고, 더 행복해지는 방법을 찾는 것이 인간의 일이 되는 것이다.

인간은 사람들 사이의 유대관계에서 행복을 얻는다. 가족, 친구, 동료들로부터 인정받고, 사랑과 우정이라는 감정을 교류하면서 행복해진다. 이는 인간만이 주고받을 수 있는 감정이다. 이러한 감정의 교류를 하나의 서비스로 본다면, 이 서비스는 인공지능에 의해 대체되기 어렵다. 어려움에 빠진 사람들을 도와준 뒤, 인공지능 기계로부터 "감사하다"는 말을 듣고 싶어 하는 사람은 없다. 인공지능 의사가 불치병 진단을 내리더라도, "당신은 불치병에 걸려 시한부 인생을 살 것"이라는 말을 기계로부터 듣고 싶어 하는 사람은 없다. 우리는 로봇이 연주하는 음악보다는, 손열음과 조성진이 연주하는 라흐마니노프를 듣기 원한다. 설령 로봇이 더 정확하게 연주를 하더라도 말이다. 우리는 사람이 연주하는 음악에서 더 깊은 감동과 감정을 느낀다. 따라서 감정 교류를 바탕으로 한 일자리들은 여전히 인간의 영역이 될 것이다.

미래에 대부분 일자리는 감정 교류와 관련된 일자리로 전환될 가능성이 크다. 우선, 가족이 수행하던 기능들이 유료 서비스로 대체될 것이다. 이미 육아라는 가족 고유의 기능은 '베이비시터'라는 육아 서비스로 대체되었다. 아직 드물기는 하지만 애인 대행, 친구 대행 같은 서비스도 생겨나고 있다. 머지않아 효도도 서비스업화할 것이다. 내 대신 효도하는 사람이 생길 것이고 우정 서비스, 사랑 서비스도 생길 것이다. 돈을 내고 관계를 사는 것이다. 이처럼 인간만이 할 수 있는 교감의 영역, 관계의 영역, 친밀감의 영역은 모두 서비스업으로 바뀔 수 있고 여기서 많은 일자리가 만들어질 수 있다.

새로운 데이터를 만들어내는 일자리도 유지될 것이다. 지금의 인공지능도 글을 쓰고, 작곡하는 능력이 있다. 그러나 인공지능이 만들어낼 수 있는 콘텐츠는 과거의 데이터를 기반으로 학습한 것일 뿐이다. 인공지능은 우리나라 드라마의 단골 소재인 불륜, 출생의 비밀, 재벌과의 로맨스와 같은 이야기를 하루에도 수백 편씩 써 낼 수

있을 것이다.[9]

그러나 인공지능은 완전히 새로운 세계관을 바탕으로 한 작품을 만들어내기는 어렵다. J.R. 톨킨이 쓴 『반지의 제왕』, 디즈니의 〈겨울왕국〉, 미야자키 하야오의 〈이웃집 토토로〉처럼, 과거에는 한 번도 존재하지 않았던 새로운 세계관에 기초한 작품은 기존의 데이터 조합과 응용으로 창작하기는 어렵다. 완전히 새로운 이야기를 만들어내는 창의적인 작가들은 기계가 오랫동안 대체하지 못하는 영역으로 남을 것이다.

새로운 데이터를 만들어낸다는 것은 단순히 새로운 예술적 창작물만을 의미하는 것이 아니다. 새로운 과학이론, 새로운 판결문, 새로운 교수법, 새로운 발명품 등은 모두 인공지능이 만들어내기 어려운 새로운 데이터들이다. 앞서 살펴보았듯이 네이버쇼핑에 리뷰를 쓰는 행위도 '데이터 노동'이 될 수 있다.[10] 어느 분야든 인공지능이 만들어내지 못하는 데이터를 창조하는 사람들은 기계로 대체되기 어려울 것이다.

역설적이지만, 매우 단순하고 부가가치가 낮은 일자리도 살아남을 것이다. 봉준호 감독의 영화 〈설국열차〉는 완전히 자동화된 설국열차를 배경으로 한다. 그러나 자동화된 설국열차에서도 사람이 반드시 해야 하는 일자리가 있었다. 영화의 초반부에 꼬리칸에 거주하던 꼬마인 티미가 군인들에게 잡혀가는데 영화 후반부를 보면 앤디를 납치해 간 이유가 드러난다. 티미는 열차의 기계부품을 대신하는 일을 하고 있었다. 설국열차가 노후화되며 대체 부품들이 바닥나자,

어린 꼬마인 티미는 어린아이만 들어갈 수 있는 좁은 공간에 들어가 수작업으로 그 부품의 기능을 대신했던 것이다.

미래에도 설국열차 식의 단순한 일자리는 살아남을 것이다. 인공지능이나 로봇이 아무리 발전하더라도 기계의 손길이 닿기 어려운 사각지대는 있기 마련이다. 집에서 전구 갈기, 화장실 청소, 벽지 도배, 물품 진열 등 인공지능이 대체하기 어려운 비정형적 일자리가 존재한다. 그리고 이러한 사소한 일자리들은 한동안 우리 인간의 일로 남아 있을 것이다. 이는 기술적인 한계로 인해 대체 불가능한 것이 아니라, 부가가치가 낮고 사람들이 대체의 필요성을 느끼지 못하기 때문이다.

자본주의의
진화를 꿈꾸다

신자유주의가 불러온 불평등

우리는 매일 생각을 하며 산다. 대부분은 일상적인 생각이지만 때로는 논리적인 생각도 한다. 여러 생각이 논리적으로 모이면 그것을 사상思想이라 부른다. 생각이 단순한 데이터라면, 사상은 데이터의 집합체다. 사상은 수많은 데이터가 모여 만들어진 긴 이야기다.

사람들의 생각이 매일 변하듯, 사상도 유행을 탄다. 경제 분야에서 우리나라를 지배했던 사상들도 시대에 따라 바뀌어 왔다. 1970년대에는 잘살아보자는 경제성장론이, 1980년대에는 오일쇼크 이후 경제 불안에 대한 우려로 경제안정론이 지배적이었다. 1990년대에는 세계화가 지배적 사상이었다.

1990년대에 제기된 세계화론은 '신자유주의'라고도 하는데[11] 이

사상은 등장한 지 30년이 지났지만, 아직도 우리를 지배하고 있다. 우리가 아이폰과 맥북을 미국과 같은 가격으로 구입하고, 인스타그램과 페이스북으로 세계 각지의 친구를 만날 수 있는 것도 신자유주의와 세계화의 결과물이다. 물론 30년이 지나는 동안 이 사상의 이름은 세련되게 바뀌었다. 세계화는 '글로벌화' 또는 '글로벌 스탠다드'라는 이름으로 새롭게 포장되었다. 비록 간판은 바꾸어 달았지만, 그 본질은 그대로다. 지금도 신자유주의는 경제, 문화, 사회 등 모든 영역에서 세계를 하나로 묶으려 한다.

신자유주의가 전 세계로 급속히 확산되고, 아직도 현대 자본주의의 지배적 사상으로 군림하고 있는 데에는 그만한 이유가 있다. 우수한 성과를 냈기 때문이다. 공산주의 경제사상은 언변은 화려했지만 실속은 없었다. 그러나 신자유주의는 나름 실력을 갖춘 숨은 고수였다. 신자유주의가 맹위를 떨치던 기간 동안 세계 경제는 유례없이 빠르게 성장했다.

신자유주의의 성공 비결은 전 세계의 분업화였다. 미국과 영국 등의 선진국은 제품 개발을 전담했고, 중국과 인도는 전 세계의 공장이 되었다. 국가 간에 나누어진 분업체계 속에서 모두는 윈윈$^{\text{win-win}}$하는 결과를 맞이했다. 지난 30년간 선진국은 중국산 공산품을 저렴하게 사용했으며, 개도국에는 많은 일자리가 생겼다.

신자유주의가 가진 강점은 자금을 끌어 모으는 능력이다. 개도국을 세계의 공장으로 만들기 위해서는 대규모 투자자금이 필요했다.

이 투자자금을 조달하는 것은 주로 금융회사의 몫이었는데, 금융회사라고 해도 땅을 파서 돈을 만들어내는 재주는 없다. 사람들의 여유 자금을 동원해야만 한다. 이 과정에서 금융 네트워크가 전 세계적으로, 그리고 우리의 사소한 일상에 뿌리를 내린 것이다.

사람들의 주머니 속 자금을 끌어모으기 위해서는 우리가 대신 투자해 주겠다는 약속이 필요했고, 이 약속을 문서로 만든 것이 바로 증권이다. 우리가 삼성전자의 주식(증권)에 투자하는 것은 삼성전자가 우리의 돈을 대신 투자해 주겠다는 약속을 사는 것이나 다름없다.

자연스럽게 신자유주의 체제에서는 증권이 거래되는 자본시장이 발달하게 된다. 증권을 발행하여 자금을 조달할 수 있음이 알려지자, 너도나도 증권을 만들기 시작했다. 심지어 사람들은 부동산, 석유, 농산물과 같은 다양한 자산으로도 이러한 약속을 만들어냈다. 부동산 증권에 투자하면 앞으로 부동산에서 나오는 수익금을 매달 주겠다는 약속이다. 이렇게 자산을 증권으로 만들어 투자금을 받는 방법을 증권화라고 한다. 신자유주의는 금융자본주의를 토대로 세계 경제의 성장 자금을 댔으며, 이는 지금도 금융자본주의가 지배적 사상으로 남아 있는 이유다.

물론 신자유주의적 성장 과정에서 약간의 불평등도 있었다. 그러나 사람들은 크게 개의치 않았다. 세계화가 진행된 지난 30년은 경제 전체의 파이가 커지는 팽창사회였기 때문이다. 대부분 사람은 어제보다 나은 오늘을 살았다. 점점 살림살이가 좋아졌으므로, 약간의 부조리와 불평등은 감내 가능한 사회적 비용에 불과했다.

약간의 불평등이 필요하다고 설명하는 경제이론도 나왔다. 러시아 경제학자이자 노벨 경제학상을 수상한 사이먼 쿠즈네츠[Simon Kuznets]는 경제성장이 이뤄짐에 따라 소득 불평등도가 어떻게 변화하는지를 보여 주는 곡선을 제시했는데, 우리가 왜 불평등을 감내해야 하는지에 대한 이유를 제공한다.

이 곡선은 우리가 지금의 불평등을 조금만 참고 견디면, 살 만한 미래가 열릴 것이라 말해 준다. 경제 개발 초기와는 달리, 경제가 성장하면서 서서히 불평등이 감소한다는 것이다. 이 이론의 논거는 단순했다. 바로 낙수효과다. 사회에 부자들이 많아지면, 부자들이 많이 소비할 것이고, 이를 통해 자연스럽게 부富가 중하위계층으로도 내려온다는 것이다.

그러나 결과적으로 쿠츠네츠 곡선이 예측한 미래는 나타나지 않

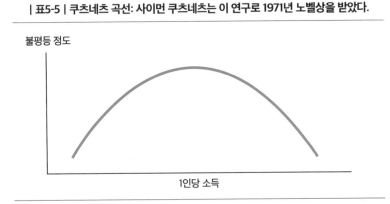

| 표5-5 | 쿠츠네츠 곡선: 사이먼 쿠츠네츠는 이 연구로 1971년 노벨상을 받았다.

불평등 정도

1인당 소득

았다. 시간이 갈수록 우리가 체감하는 불평등은 심화하고 있으며, 심지어 경제성장률도 낮아지고 있다. 경제성장률이 낮아진다는 것은 일자리가 없어진다는 의미다. 그 피해는 고스란히 젊은 세대들이 받고 있다. 젊은 세대는 일자리를 구하지 못해 걱정인데, 금융화로 인해 금융기관에는 자금이 남아돌다 보니 학자금 대출은 너무 쉽게 해 준다. 신자유주의가 주장하는 낙수효과가 제대로 나타나지 않은 것이다. 프란치스코 교황도 2013년 3월 선출될 당시 신자유주의에 대한 비판의 목소리를 높였다. 신자유주의가 주는 성과의 과실을 언젠가부터 소수가 독차지하고 있다는 비판이었다.

"과거에는 잔에 물이 차면 넘치는 부분이 가난한 이들의 혜택으로 돌아갔다. 그러나 지금은 잔이 차기도 전에 기업들이 가득 찬 잔을 더 키우는 마술을 부린다."[12]

-프란치스코 교황(2013년 3월)

코끼리 그래프가 보여 준 신자유주의의 민낯

세계은행의 이코노미스트였던 브랑코 밀라노비치[Branko Milanović][13]가 그린 코끼리 그래프[Elephant Graph]는 지난 20년간 부자와 가난한 사람 중 누구의 소득이 빠르게 증가했는지를 보여 준다. 이 그래프는 이름처럼 코끼리를 닮았다. 코끼리의 몸통과 머리 그래프는 가난한 사람을 나타낸다. 반대로 코에 해당하는 그래프는 부자들의 소득 증

215

| 표5-6 | 코끼리 그래프: 세계 시민의 소득 얼마나 늘었나

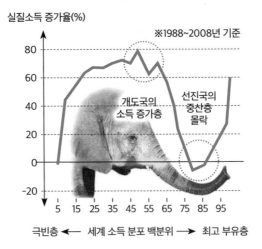

실질소득 증가율(%)

※1988~2008년 기준

개도국의
소득 증가층

선진국의
중산층
몰락

극빈층 ← 세계 소득 분포 백분위 → 최고 부유층

*출처: 우울한 코끼리가 몰려온다, 《중앙일보》, 2016. 9. 22.

| 표5-7 | 라크너, 브랑코 밀라노비치가 그린 코끼리 그래프(1988-2008)

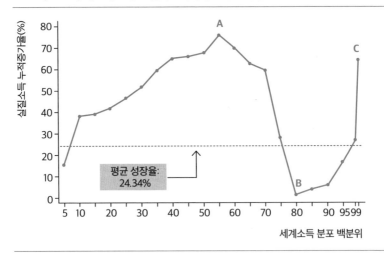

실질소득 누적증가율(%)

A

C

평균 성장율:
24.34%

B

세계소득 분포 백분위

*출처: Lakner, Milanovic, 2015.

가 속도를 나타낸다.

이 그래프에서 주목해야 할 곳은 크게 세 부분이다. 먼저, 소득의 중간 수준에 해당하는 A지점은 중국, 인도, 태국과 같은 신흥공업국이다. 이들은 원래 가난한 나라였지만, 20년 동안 실질소득이 약 80퍼센트가 증가했다. 이들은 신자유주의와 세계화의 혜택을 제대로 누렸다. 신자유주의가 추구하는 세계화로 자신들이 사는 동네에 공장이 들어서고 새로운 일자리를 얻은 사람들이다.

반면 코끼리 코끝인 C지점은 최상위 1퍼센트다. 국적을 기준으로 보면 미국인이 절반을 차지한다. 이들 역시 신자유주의의 혜택을 누렸고, 신자유주의 사상에 따라 자본을 제공했으며, A지점의 노동력을 활용해 돈을 벌었다. 결과적으로 이들은 A지점의 사람들과 같은 배를 탄 사람들이다. 우리나라의 기업가들이 베트남, 중국에 진출하여 현지인을 고용해 제품을 만들어내는 형국이다. 이들의 소득도 지난 20년간 아시아 국가(A지점)들과 유사한 속도로 증가했다.

그러나 문제는 B지점이다. B지점은 주로 고소득 국가의 일반적인 노동자, 서민들이다. 국적을 기준으로 보면 서유럽 국민이 대부분이며, 미국과 일본의 국민도 포함되어 있다. 이들은 보통 그 나라 인구의 약 절반을 차지할 정도로 규모가 큰 집단이다. 그러나 불행히도 이들은 신자유주의의 혜택을 보지 못했다. 지난 20년간 이들의 실질소득은 거의 증가하지 않았다. 신자유주의가 추구했던 국제적 분업화(오프쇼어링), 자동화 등의 영향으로 일자리가 줄어들었기 때문이다.

파리경제대학교 교수인 토마 피케티[Thomas Piketty]도 유사한 연구를 수행했다.[14] 다만, 피케티는 조사 대상의 기간을 30년(1980~2018년)으로 늘렸다. 피케티의 연구 결과는 좀 더 극적으로 나타난다. A지점보다 상위 1퍼센트의 소득이 훨씬 더 빠르게 증가했기 때문이다. 하위 50퍼센트의 신흥국 소득은 60~120퍼센트로 증가했지만, 상위 1퍼센트 국가의 소득은 훨씬 더 빠르게(80~240퍼센트) 증가했다.

위 두 코끼리 그래프의 결론은 같다. 세계화의 혜택이 공평하게 돌아가지 않았다는 것이다. 이는 프란치스코 교황의 말처럼 선진국 경제 내에서 낙수효과가 사라졌음을 뜻한다. 이는 지난 30년간 선진

| 표5-8 | 토마 피케티가 그린 코끼리 그래프(1980-2018)

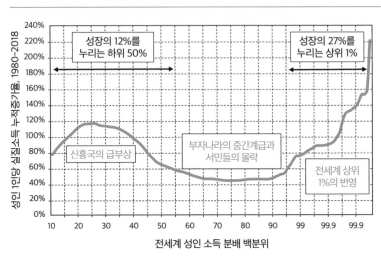

전 세계 소득 하위 50%는 1980~2018년에 구매력의 상당한 증가(60~120%)를, 소득 상위 1%는 그보다 훨씬 더 큰 증가(80~240%)를 나타내는 데에 반해, 소득중위는 보다 제한적으로 증가했다. 세계소득분배 하위와 중위 사이에서는 불평등이 감소했다면, 중위와 상위 사이에서는 증대한 것이다.

*출처: 토마 피케티(2019) piketty.pse.ens/fr

국의 기업들이 세계화의 물결을 타고 생산거점을 중국과 인도로 옮겼기 때문이다. 굳이 낙수효과가 존재한다면, 자국의 노동자들이 아니라 중국과 인도의 노동자들이 누린 것이다.

자본주의가 위기에 처한 이유

오늘날의 자본주의, 혹은 신자유주의가 위기에 처한 원인은 무엇일까? 여러 가지 대답이 나올 수 있다. 인구 감소가 원인이라는 사람도 있고, 지나치게 많은 빚이 문제라고 주장하는 사람도 있다. 어떤 사람들은 무분별한 세계화가 문제라고 주장하고, 어떤 사람들은 빈약한 복지체계가 문제라고 지적한다. 서구의 반세계화 운동가인 폴 킹스노스^{Paul Kingsnorth}의 말처럼, "One No, Many Yeses(문제는 하나인데 대안은 수많은)" 상황이다.[15]

경제사상의 관점에서 이 질문에 대한 답을 한다면, 신자유주의의 성과가 부진한 것은 바로 우리 사회를 지배하는 자본주의 사상이 더는 통용되기 어려워졌기 때문이다. 새로운 기술은 계속 등장하는데, 자본주의는 과거의 질서에만 머물러 있다.

자본주의 질서는 사유재산 제도를 기본 원리로 한다. 우리는 개인의 사유재산을 당연하게 여긴다. 그렇다면 왜 소유권을 당연하다고 생각해 왔을까? 우선, 소유권 제도에는 뚜렷한 장점과 단점이 있다. 소유권이 존재하기 때문에 물건이 적절히 관리된다. 우리는 자신의

219

물건이라야 애착을 갖는다. 내가 가진 스마트폰은 조심히 다루고 고장이 나면 큰돈을 투자해 수리를 받는다. 그러나 길거리에 있는 공중전화는 고장이 나더라도 전혀 관심을 보이지 않는다. 내 것이 아니기 때문이다. 이처럼 소유권이 존재하기 때문에 내 재산은 잘 관리되고, 투자되는 것이다.

하지만 사유재산 제도에도 문제가 있다. 우선, 사유재산제는 재산을 놀게 만드는 문제를 일으킨다. 내가 소유한 자동차는 내가 자동차를 타는 동안에만 제 가치를 발휘한다. 자동차를 이용하지 않는 시간에는 아무런 쓸모없이 주차장에 서 있을 뿐이다. 이를 '과소사용^{under-use}의 문제'라고 한다. 그러나 반대로 공유제도는 물건을 놀리지 않는다. 만약, 자동차가 공유재라면 누구나 앞다투어 먼저 타려고 달려들 것이다. 따라서 사유재산제에서는 소유주만이 독점적 사용권을 가지므로 항상 자원이 놀고 있는 미활용^{under-use}의 문제가 생긴다.

| 표5-9 | 사유재산제도 vs. 공유재산제도

	사유재산	공유재산
장점	관리가 잘됨(관리 효율성)	물건이 항상 활용됨
단점	미활용 문제	지나친 사용(남용)의 문제

그래서 등장한 것이 공유경제다. 현재 사용되지 않는 물건이 아까웠던 소유주들이 자동차나 빈집을 공유하게 되고, 이는 웹 2.0을 만

나 하나의 큰 비즈니스 모델이 되었다. 오늘날 공유경제는 숙박, 교통, 공간, 금융, 지식 등 공유경제가 미치지 않는 분야가 없다. 공유경제를 만난 물건은 더 이상 놀지 않고 효율적으로 사용될 기회를 얻었다.

물론 공유재산제도도 큰 문제가 있다. 공유로 사용하는 물건은 수명이 짧을 수밖에 없다. 내 자동차가 만약 고장이 난다면 어떻게든 돈을 들여 수리하겠지만, 공유 자동차는 그럴 필요가 없다. 내 집은 항상 깨끗이 정리정돈하지만, 내가 잠시 빌린 집은 내 집처럼 관리할 필요가 없다. 즉, 공유제도에서는 물건이 적절히 관리되지 못하고, 사람들은 물건의 가치를 올리는 데 필요한 투자도 하지 않는다. 이처럼 사유재산제도와 공유제도 중 무엇이 반드시 우월하다고 하기는 어렵다. 각각의 장단점이 뚜렷하기 때문이다.

그러나 역사적으로 보면 자본주의는 사유재산의 강력한 보장과 함께 성장한 것이 사실이다. 사실 '자본주의의 역사 = 사유재산의 역사'라는 공식이 성립할 정도다. 물론 자본주의 이전 시대에도 사유재산은 존재했다. 그러나 자본주의 이전 시대의 사유재산은 귀족들의 전유물이었다. 사유재산을 애초부터 가지지 못하는 피지배계층도 존재했고, 정부 역시 서민들의 사유재산을 보호할 의무가 없었다. 오히려 왕권신수설에 따라 왕은 세상의 모든 것을 소유할 수 있다고 여겨지던 시대였다.

17세기 영국의 철학자 존 로크가 통치론을 저술하며 최초로 사유재산권을 주장했다. 왕권신수설에 도전한 것이다. 존 로크는 노동을 통해 벌어들인 재화는 개인의 사유재산으로 인정해야 하며, 국가 역시 이를 보호할 의무가 있다고 주장했다. 존 로크 이후 서구사회에서는 사유재산제도가 정착되었으며, 인간의 물질에 대한 욕망을 자극하는 사유재산제도는 오늘날까지 자본주의를 발전시키는 원동력이 되었다.

"최고의 권력이라도 어떤 사람으로부터든
그의 재산 일부를 동의 없이 취할 수 없다.
재산의 보존이 정부의 목적이고…."

-존 로크, 「입법권의 범위에 관하여」, 『통치론』

그러나 오늘날은 전통적인 자본주의 시대와는 상황이 많이 달라졌다. 그간 소유권 보호를 통해 혁신이 이루어졌다면, 지금에 와서는 소유권의 지나친 보호가 자본주의의 발전을 가로막는 사례가 등장하고 있다.

소유권이 혁신을 가로막는다

소유권이 어떻게 기술 혁신과 자본주의 발전을 방해할까? 어느 제약회사 연구팀이 알츠하이머를 치료하는 방법을 찾았다. 그러나 바로 벽에 부딪혔다. 수십 가지 특허를 사들여야 신약을 출시할 수 있었던 것이다. 게다가 모든 특허 소유자와 협상하는 데에 너무 오랜 시간이 소요되며, 그들은 값비싼 대가를 요구하고 있다. 심지어 경쟁 관계에 있는 일부 제약회사는 몰래 몇몇 특허만 사들여 신약 출시를 방해한다. 단 하나의 특허라도 빠뜨리면 막대한 금액의 소송에 휘말릴지도 모른다. 결국 이 연구팀은 신약 개발을 포기하고 만다.[16]

공항을 건설하려 한다. 공항을 지으려면 수많은 필지를 합쳐야 하는데, 일부 토지 소유자는 이를 끝까지 방해한다. 일부 토지 소유자는 비싼 땅값을 받기 위해 소위 '알박기'를 하기도 한다. 이런 이유로 미국에서는 1975년 이후 신공항이 하나도 건설되지 못했다.

1955년 미국의 식품회사인 퀘이커 오츠는 프로모션으로 2,100만 명에게 2.4억 평이 넘는 큰 땅덩어리를 잘게 쪼개어 나누어 주었다. '빅인치Big Inch'라고 불리는 이 프로모션은 재미있는 아이디어였으나, 시간이 지나면서 심각한 문제가 발생했다. 2,100만 주인의 이해

| 표5-10 | 1955년 미국의 한 신문에 실린 빅인치 프로모션

관계가 모두 같을 수는 없으므로 잘게 쪼개어 놓은 그 큰 땅은 아무도 사용하지 못하는 땅이 되고 말았다. 이후 다행히 기술적인 방법으로 해결이 되긴 했다. 일부 소유주들은 세금을 내지 않았으며, 세금을 내지 않은 땅을 몰수하는 방식으로 다시 땅을 합쳐 경제적 가치를 회복한 것이다.[17]

과도하게 보호받거나 지나치게 파편화된 소유권은 혁신을 저해할 수 있다. 위에서 본 특허권과 토지의 경우가 소유권이 자본주의의 발전을 저해하는 대표적 사례다. 신약 개발과 연관된 DNA 특허는 4만 건이며, 스마트폰 한 대에 들어 있는 특허는 25만 건이다. 이 엄청난 특허 지뢰밭을 뚫고 신제품을 독자적으로 개발하기란 불가능에 가깝다. 그래서 특허를 사들이고, 특허를 거래한다. 특허 괴물patent troll들은 약점을 발견했다 싶으면 소송을 걸어 공격에 나선다.[18]

혁신으로 가는 길은 멀고도 험하다. 그런데 그 길의 구석구석에는 '특허권'이라는 요금소가 있으며, 모든 요금소에 통행료를 내야 제품 개발이 가능하다. 오늘날 IT 업체들은 신제품이 아니라, 특허로 돈을 번다. 수많은 특허 주인들이 길목마다 통행료를 받다 보니 결국 피해를 보는 것은 벤처기업과 소비자다.[19]

컬럼비아대학교 법학 교수인 마이클 헬러Michal Kazimierz Heller는 이렇게 과도한 소유권 보호로 인해 사회 전체의 혁신이 저해되는 상황을 '그리드락GridLock'이라고 표현했다. 그리드락은 교차로에서 차량이 꽉 막혀 오도 가도 못 하는 상황을 의미한다. 빼곡하게 설정된 소유권을 차량 정체 현상에 비유한 것이다. 그리드락은 사유재산의 보호만이 능사가 아니라는 것을 시사한다. 사유제도와 공유제도 사이에 적절한 지점을 찾는 것이 혁신을 자극하는 최적의 균형점이 될 수 있다.

소유권과 혁신을 둘러싼 갈등

농경사회에서는 토지를 가진 지주가 갑^甲이었다. 토지는 농경사회에서 가장 귀중한 생산수단이었기 때문이다. 토지는 한정되어 있는데 노동력은 넘쳐났다. 많은 사람이 지주에게 농지를 경작하게 해달라고 부탁했으며, 이 과정에서 지주는 높은 사회적 지위를 누렸을 것이다. 또한 생산수단인 토지도 고가로 거래되었을 것이다.

그러나 산업사회가 도래하면서 지주의 처지는 완전히 달라졌다. 공장이라는 새로운 생산양식이 등장했으며, 토지는 더 이상 가치 있는 생산수단이 아니었다. 산업사회에서는 지주에게 머리를 숙이는 사람도 없었고, 토지도 예전만큼의 가치를 인정받지 못했다. 이처럼 새로운 생산양식의 등장은 기존 재산권자들의 사유재산을 위협할 수 있다.

'이마트'는 전통시장을 대체하는 새로운 생산양식이다. 양질의 제품을 대량으로 구매하여 소비자들에게 저렴하게 판매한다. 이마트라는 새로운 생산양식이 등장하자 전통시장 상인들은 일자리를 빼앗길 수밖에 없었다. 그런데 이들이 빼앗긴 것은 일자리만이 아니었다. 이마트라는 새로운 생산양식은 그들의 재산권도 빼앗아 갔다. 전통시장 상인들은 그동안 언젠가는 받을 수 있다고 기대했던 권리금을 받지 못하게 되었으며, 그들이 소유한 상가 부동산의 가치도 하락했다. 즉, 이마트라는 새로운 생산양식은 오래된 생산수단의 자산 가치를 떨어뜨린 것이다.

이마트와 전통시장 간의 문제는 단순한 방법으로 해결될 수도 있다. 전통시장이 이마트를 구조적으로 이길 수 없다면, 전통시장 상인들이 모두 이마트와 같은 모습으로 변신하는 것이다. 예를 들어 전통시장 상인들이 모두 이마트에 입점하는 것이 하나의 방법이다. 이마트가 구조적으로 더 효율적인 유통 방법이라면 전통시장이라는 구식 방법을 버리는 수밖에 없다.

그러나 이러한 방법을 사용하더라도 여전히 문제는 남는다. 상인들이 이마트에 입점하는 방법으로 자신들의 일자리는 지킬 수 있겠지만, 전통시장 상인들이 소유한 부동산 가격에는 타격을 입을 수밖에 없다. 소유한 상가 가격과 권리금이 하락하는 피해는 여전히 감내해야 하는 부분이다. 이처럼 사유재산(소유권)이 존재하기 때문에, 기존 집단은 혁신에 더 극렬히 저항하게 된다. 혁신이란 '상가'라는 낡은 생산수단을 '이마트'라는 새로운 생산수단으로 대체하는 과정이기 때문이다.

2019년 공유택시 플랫폼인 '타다^{TADA}'와 택시업계 간에는 큰 갈등이 있었다. 타다가 택시면허를 얻지 않고도 택시업을 운영한 것이다. 즉, 차량 렌트업을 하되 운전기사를 붙여주는 사업을 했는데, 이는 결국 콜택시나 다름이 없었다. 택시업계는 타다가 변칙적인 방법으로 택시업을 영위한다고 비난했고, 타다는 과거의 관습에 사로잡혀 혁신을 가로막아서는 안 된다고 항변했다.

결국 다툼은 법정까지 가게 됐고, 법원은 타다의 손을 들어 주었다. 그러나 법원의 합법 판결에도 불구하고 국회는 타다의 편을 들지 않았다. 국회는 2020년 3월, 기사가 딸린 렌터카를 금지하는 타다금지법을 제정했다. 오직 렌터카 업체는 관광 목적으로만 기사를 제공할 수 있게 되면서 대한민국에서 타다와 같은 방식의 택시업은 불법이 되었다.

타다의 사례는 새로운 생산양식과 기존 생산질서가 충돌한 대표적 사례다. 사람들은 타다의 사례를 택시기사의 일자리 지키기 문제로 보았다. 플랫폼이라는 새로운 생산양식을 들고나온 타다에 택시기사들이 반기를 들었기 때문이다. 그러나 타다 사건을 조금 다른 관점에서 보면, 이는 소유권에 대한 문제다.

타다와 택시기사들 간의 갈등을 해결하는 가장 간단한 방법은 타다가 택시기사들을 모조리 고용하는 것이다. 타다는 택시면허 없이도 택시 서비스를 제공할 수 있는 효율적 생산양식이기 때문이다. 이렇게 타다가 고용을 흡수해 버리면, 택시기사들의 일자리는 유지된다. 하지만 여전히 생산수단의 자산 가치가 하락하는 문제(소유권)는 남는다. 택시기사들이 소유했던 택시면허권의 가치는 포기해야 한다. 이러한 이유로 고가의 자금을 투자해 택시면허권을 구입한 택시 기사들은 타다라는 새로운 생산양식의 등장에 더욱 격렬히 저항할 수밖에 없었다.

이마트와 타다의 사례는 생산수단을 '사유재산'으로 두면, 혁신을 가로막는 원인이 된다는 것을 보여 준다. 과거의 생산수단을 소유하고 있는 사람들은 새로운 생산기술을 받아들이지 못한다. 과거의 생산수단에 이미 막대한 투자를 해두고, 이 생산수단을 통해 밥벌이를 하고 있기 때문이다. 즉, 사유재산 제도에 기반한 오늘날의 자본주의는 변화와 혁신에 저항하려는 성질이 내재되어 있으며, 변화의 폭과 속도가 빠를수록 저항은 커진다.

그렇다면 사유재산 제도 없이 살아보는 것은 어떨까? 사유재산을 완전히 없앤다는 것은 현실적으로 불가능하다. 사람들에게는 '개인 소유물personal property'이 필요하다. 사람들은 '소유한다'는 것 자체에 특별한 의미를 부여하는 경우가 많기 때문이다. 결혼반지나 유품과 같은 물건은 개인 소유물의 사례다. 이는 소유하는 것 자체가 특별하지, 그 물건에서 사용가치를 바라는 것이 아니다.

앞서 살펴본 사례에서처럼 혁신을 가로막을 수 있는 '생산수단'을 사적 소유private property하는 방식은 재고再考**의 여지가 있다.** 이는 기술적으로 불가능하지도 않다. 네트워크 기술의 발전으로 등장한 '공유경제'는 사유제도가 충분히 기술적으로 대체될 수 있음을 보여준다.

사유재산 제도에 대한 도전은 오래된 생각이다. 이를 정면으로 부정하려 했던 '공산주의'라는 사상도 있었으며, 혁신을 방해하고 지주에게 불로소득을 보장하는 토지 사유에 대한 비판의 목소리도 오래전부터 존재했다. 그러면 토지 공개념에 대해 목소리를 높인 진보주의 경제학자 '헨리조지'의 아이디어를 간략히 살펴보자.

토지공개념을 이야기한 헨리 조지

나는 서울 도심에 있는 직장에 다닌다. 나름 괜찮은 직장이라 생각한다. 내가 서울에 있는 좋은 직장을 구할 수 있었던 것은 운이 좋았기도 했지만 노력한 덕분이기도 하다. 좋은 교육을 받았고, 나름대로 열심히 살려고 노력했다. 그러나 도저히 내 노력으로는 도달할수 없는 현실이 있었다. 그 현실을 깨닫는 데에는 오랜 시간이 걸리지 않았다. 내 노력만으로 서울에 직장을 가질 수는 있어도, 서울에 내 집을 마련하는 것은 불가능하다는 사실이었다.

부동산 문제는 우리나라에서 매우 심각한 사회문제다. 대한민국은 거주지에 따라 계급이 나뉘는 부동산 계급사회다. 부동산을 향한 사람들의 세속적 욕망이 집약되는 곳이 바로 강남이다. 많은 사람이 강남 거주를 꿈꾼다. 거주지가 본인의 사회적 계급을 나타내기 때문이다. 최근처럼 주거 문제가 심각한 상황에서는 집이 있는 사람들이 갑이다. '조물주 위에 건물주'라는 말이 단순한 우스개로 여겨지지 않는다. 건물주가 월세를 올려 임차인을 내쫓는 일도 빈번하고, 건물주가 장래희망이라는 농담도 심심찮게 들린다.

19세기 미국의 경제학자이며 『진보와 빈곤』의 저자인 헨리 조지Henry George는 지난 100년간 부동산 문제가 심각해질 때마다 거론되는 경제학자다. 그는 철도개발의 시대에 살았다. 철도가 전국에 건설되면서 대도시가 형성되고, 사람들의 부가 커지는 시대였다. 그런데 그는 의문을 가졌다.

"세상은 점점 부유해지는데 왜 가난은 없어지지 않는가"라는 의문이었다. 헨리 조지는 이 질문에 대한 답을 찾기 시작했다. 그의 대답은 단순했다. 사람들이 열심히 일한다고 해도 토지 소유자가 개발이익을 몽땅 가져가기 때문에 빈곤이 존재한다는 것이다. 토지 소유자(또는 오늘날의 입장에서는 건물주)는 아무런 노력 없이 수익료를 챙겨간다. 과연 이 방식이 개발소득을 배분하는 데에 있어 바람직한 방법일까? 생산물에 대한 권리는 생산을 위해 노력한 자에게 돌아가는 것이 바람직하다.

헨리 조지의 관점에서 노동자나 자본가는 땀을 흘려 일하는 사람이다. 그러나 토지 소유주나 건물주는 아무 노동을 들이지도 않고 임대료만큼의 수입을 얻어간다. 이 임대료 때문에 실제로 열심히 일한 자본가와 노동자는 정당한 수입을 얻지 못하고, 결국 가난이 계속된다는 것이 그의 생각이었다.

그가 제시한 해결책은 토지 사유제도의 폐지였다. 개인이 토지를 소유하는 것을 원천적으로 막아 불로소득을 근절하자는 것이다. 그는 국가가 모든 토지를 매수하자고 제안했다. 모든 토지의 국유화다. 그렇다면 국유화된 토지들은 누가, 어떻게 사용해야 할까? 국유화된 토지는 필요한 사람에게 경매를 통해 임대된다. 경매를 통해 높은 사용료를 적어 낸 사람에게 사용권을 부과하고, 낙찰자는 토지를 원하는 대로 개발한다.

또한 그는 세제도 전면 개혁하자고 제안했다. 모든 세금을 폐지하고, 토지에만 세금을 부과하자는 토지단일세다. 토지단일세가 부과되면 모든 부동산(토지)에서 나오는 임대료를 조세로 거두어들이고, 그 누구도 부동산으로부터 이득을 얻을 수 없다. 토지단일세가 시행된다면 사람들은 토지나 부동산을 소유할 필요가 없어진다. 토지와 부동산 소유에서 오는 이득이 없기 때문이다. 이러한 세계에서는 부동산 투기가 아니라, 부동산을 어떻게 개발하고 활용할 것인지의 문제만 남는다.

토지에 대한 사유재산제를 부정한 헨리 조지의 아이디어는 매우 급진적이다. 현실에서 헨리 조지의 아이디어를 그대로 받아들이기란 사실상 불가능에 가깝다. 현행 자본주의 사상과 상충되기도 하거니와, 현실적으로도 토지 소유자들의 반대가 극심할 것이기 때문이다. 대부분의 자본주의 국가에서는 토지가 사유화되어 있다. 토지공개념을 도입하는 나라는 구소련과 중국 등 사회주의 국가밖에 없다. 지금은 중국마저도 토지가 사유재산처럼 거래되는 것이 현실이다.

사실 한때 우리나라에서도 헨리 조지의 아이디어가 시도된 바 있었다. 바로 토지초과이득세, 택지소유상한제, 개발이익환수제라고 불리던 토지공개념 3법이 그것이다. 물론 헨리 조지의 아이디어처럼 사유재산제도를 완전히 부정하지는 않았다. 1990년 시행된 택지소유상한제는 200평이 넘는 토지 소유를 제한했고, 토지초과이득세는 유휴토지에서 발생한 토지초과이득을 환수할 수 있도록 규정했다. 그러나 결국 이 법들은 헌법 불합치 결정으로 폐지되었다. 토지공개념은 대한민국의 자유주의 시장질서와 어울리지 않는다는 이유였다.

사유재산제를 폐지한다면 어떤 일이 생길까

여러 논란에도 불구하고 헨리 조지의 아이디어는 현행 시장 질서의 문제점을 보완하는 훌륭한 대안이 될 수 있다. 부동산이라는 생산수단에 대한 소유권을 폐지한다면, 부동산은 더는 투기의 대상이 아니라, 생산 활동을 위한 재료로만 활용될 수 있다. 부동산으로 부를 대물림하는 현상도 사라지고, 부동산으로 막대한 불로소득을 얻는 문제도 사라질 것이다.

이 아이디어는 이마트와 전통시장 소상공인들 간의 갈등문제를 완화하기 위한 도구가 될 수 있다. 애초부터 상가건물을 소유하지 않는다면, 이마트의 등장이라는 혁신이 기존 생산수단(상가건물)의 가치를 떨어뜨리는 문제는 발생하지 않는다. 타다와 택시기사의 문제도 마찬가지다. 택시면허라는 생산수단을 소유하고 있기 때문에 택시 운전사들과 타다는 갈등할 수밖에 없다. 상가건물, 택시면허 등의 생산수단이 사유재산이 아니라면, 기득권자들의 혁신에 대한 거부감은 훨씬 줄어들 것이다.

부동산에 대한 소유권이 폐지된다면, 토지 사용권을 분양하는 경매제도도 함께 도입되어야 한다. 물론 경매를 통해 분양받은 사용권을 영구적으로 보장해서는 안 된다. 현재 사용자(낙찰자)가 지불한 가격보다 더 높은 가격을 제시하는 새로운 사용자가 나타난다면, 사용권은 언제든지 이전되도록 제도를 설계해야 한다. 그래야 생산요소를 더 효율적으로 사용할 수 있는 사람에게 사용권이 배분되기 때문이다.[20] 그리고 사용권 분양으로 얻은 임대료 수입은 공공의 목적으로 사용한다. 이 수입은 경제적 약자들이 최소 생활을 유지할 수 있도록 기본소득을 지급하는 목적으로 사용할 수도 있고, 청년층들에게 도전의 기회를 제공하는 기본자본의 형태로 지급할 수도 있다. 생산수단의 공유화, 사용권의 분양으로 얻은 임대료 수입은 사회적 자본으로 활용되고, 이 자본은 취약계층으로 순환될 수 있도록 제도를 설계하는 것이다.

토지 이외의 생산수단에 대해서도 공유共有 제도를 도입할 수도 있다. 앞서 기업의 주식을 대중들이 쪼개어 가지는 '분유分有제도'를 소개한 바 있다. 이 역시 플랫폼 기업이라는 생산수단을 공유하는 형태다. 혁신으로 인한 이득과 피해를 여러 사람이 나누어 가지는 것이다. 의결권 분유를 통해 플랫폼 기업은 민주적으로 통제될 수도 있으며, 그 생산물은 사회의 구성원들에게 나누어 배분된다.

위키백과는 플랫폼이라는 생산수단을 어떻게 공유하고 관리할 수 있는지를 보여 주는 하나의 이정표다. 위키백과를 최초로 개발한 사람은 미국의 인터넷 사업가인 지미 웨일스Jimmy Wales이지만, 현재 위키백과의 소유주는 없다. 다만 이를 운영하는 '위키미디어 파운데이션'이라는 비영리 재단이 존재할 뿐이다. 위키백과는 소유주가 없는 상태로도 공동체의 규율을 스스로 지키며 운영되고 있다.

자신의 창작물을 독점하지 않고 무료로 공개하는 카피레프트copyleft 운동도 생산물과 생산수단을 공유하자는 정신 위에 서 있다. 오픈소스 프로그램인 리눅스는 카피레프트 운동의 상징과 같은 존재다. 또한 오늘날 전 세계를 하나로 이어주는 인터넷의 월드와이드 웹www도 영국의 컴퓨터 과학자 팀 버너스 리Tim Berners-Lee가 발명하여, 대중이 사용할 수 있도록 공개했다. 버너스가 이를 특허로 냈다면 큰돈을 벌었을 테지만, 대신 인터넷의 대중화와 네트워크 경제의 발전은 지체되었을 것이다. 비트코인을 만들어낸 익명의 개발자도 이를 오픈소스로 공개했다. 설계도가 투명하게 공개되었기 때문에 비트코인은 사람들의 신뢰를 얻을 수 있었고 다양한 블록체인 기술의 단초가 되었다.[21]

모든 국민이 플랫폼을 조금씩이라도 공유하는 세상을 만든다면, 과거의 생산수단을 소유한 기득권자들의 혁신에 대한 반감은 감소할 수 있다. 기존 생산자들도 새로운 생산수단 도입에 따르는 자본 이득을 함께 누릴 수 있기 때문이다. 예를 들면 전통적인 택시업체들이 타다 플랫폼의 주식을 나누어 가지는 방식이다. 이러한 생산수단의 공유는 또 다른 혁신에도 유연하게 대처할 수 있게 만든다. 새로운 혁신이 발생하더라도 기존 플랫폼의 소유주들은 피해를 나누어 분담하기 때문이다.

오늘날의 자본주의는 사유私有와 공유共有 사이의 적절한 균형점을 찾는 작업이 필요하다. 우리 사회가 지향하는 혁신을 가로막지 않으면서, 혁신의 그늘에 가려진 사회적 약자들에게도 따뜻한 손길을 내밀어 줄 수 있는 인간적인 제도를 설계하는 일이다. 이 작업을 위한 기술적인 장벽은 이미 많이 낮아진 상태다. 이 문제는 이제 기술의 문제가 아니라, 사람들 간의 합의의 문제가 되어가고 있다.

물론 자본주의 사상의 근간을 뒤흔든다는 것은 쉬운 일이 아니다. 변화의 폭이 클수록 사회적 합의에 도달하는 과정은 험난해지고, 숙의와 토론에도 많은 시간이 소요될 것이다.

그럼에도 불구하고 우리는 변화를 만들어 나가야 한다. 승자독식의 자본주의가 아니라, 보통 사람들을 대변할 수 있는 새로운 사회 계약이 필요하다. 이를 토대로 인간다움과 정의를 추구하는 '자본주의 이후의 자본주의'를 만들어 가야 한다. 기술이 인간을 위해 일하고, 돈보다 사람의 가치를 높일 수 있는 경제의 틀을 만드는 작업은 멈추지 않아야 한다.

인간적인
자본주의 질서를 향한 첫걸음

2021년 4월, 비트코인의 가격은 8천만 원을 넘어섰다. 적정가격에 대한 논란을 뒤로 하더라도, '비트코인'은 네트워크가 어떠한 미래를 만들 것인지를 단적으로 보여준다. 중앙은행 없이도 화폐가 발행되며, 누구도 유통과정을 위조할 수 없다. 검열 저항성$^{censorship-}$ ^{resistance}도 비트코인의 특징이다. 정부가 감시하더라도 블록체인 네트워크에서 일어나는 거래를 막을 수 없다. 내가 가족이나 친구, 혹은 마약상이나 심지어 테러 단체에 비트코인을 전송하더라도 누구도 막지 못한다. 비트코인은 연결 그 자체가 신뢰를 보장할 수 있으며, 불확실성을 확실성으로 대체될 수 있음을 보여주고 있다.

블록체인은 네트워크가 관리자들의 자리를 빼앗을 수 있음을 예고한다. 모든 계약과 기록에는 블록체인의 방식이 적용될 수 있다. 주식거래, 토지대장 관리, 식품 유통, 출처 보존 등 다양한 경제활동을 대체할 것이다. 사물인터넷으로 연결되어 있는 도구들을 통제하는 인프라backbone가 될 수도 있다. 네트워크는 스스로 부가가치를 창출해내는 법을 발견했고, 서서히 권력을 대체해 나가고 있다.

네트워크가 촉발하는 변화가 두렵다고 과거로 회귀할 수는 없다. 우리는 미래를 향해 출발했고, 이미 너무 많이 와버렸다. 사람들은 소셜 네트워크Social Network로 연결되었고, 이제는 사물들이 연결IoT: Internet of Things되고 있다. 곧 모든 것이 연결IoE: Internet of Everything될 것이다. 과거의 낡은 질서 속에서 살아갈 수 없다면 새로운 질서를 만드는 것이 필요하다.

이 책에서는 어떤 질서를 구축해야 하는지에 대해 많은 질문을 던진다. 인공지능과 네트워크가 사람들의 일자리를 대체하는 시대에 우리는 무슨 일을 할 것인가? 플랫폼 기업이 정보를 독점하고 시장을 장악하는 상황에 어떻게 대처할 것인가? 혁신을 가로막는 과거의 경제제도와 경제사상 대신 어떠한 새로운 사회적 계약에 합의할 것인가? 이 책에서도 간단히 살펴보았지만, 사실은 훨씬 더 치열한 고민이 필요한 질문들이다. 독자들도 이 질문들에 대해 고민하고 소통할 수 있는 시간이 되었으면 한다.

저자 나름의 답변도 제시해 보았다. 데이터 공유, 인공지능 감사, 조세제도 개편, 소유권 제도에 대한 논의가 그것이다. 그러나 이러한 아이디어가 현실에서 도입되기는 쉽지 않다. 우리 사회는 항상 기술의 발전보다 느리기 때문이다. 그러나 환경이 급변할수록 그 변화에 유연하게 적응하는 존재가 살아남듯이, 국가의 경쟁력도 적응역량에 달려있다. 갈등을 조화롭게 조정하고, 그 시대가 요구하는 법과 제도를 신속하게 공급할 수 있는 정부가 역량 있는 정부다. 그러나 우리나라의 공공권력이 이러한 유연함과 갈등 조정능력을 지니고 있는지에 대해서는 여전히 의문이 든다.

네트워크의 등장과 함께 언론기업들도 새로운 도전에 직면하고 있다. 우선, 수많은 경쟁자가 등장했다. 뉴미디어라고 불리는 이 경쟁자들은 주로 인터넷과 SNS를 소통의 수단으로 삼는다. 이들의 강점은 속도다. 뉴미디어들이 '오늘의 뉴스'를 보도한다면, 신문과 TV는 '어제의 뉴스'로 먹고산다. 그래서 저널리즘의 의의를 어떻게 찾아야 하는지도 네트워크 시대의 주요 화두다.

나는 저널리즘의 새로운 역할은 사건에 대한 폭넓은 해석을 통해 민주주의와 언론 간의 공생관계를 굳건하게 만드는 것이라 믿는다. 건전한 저널리즘이 작동하는 사회에서 보다 정의롭고 사람의 모습을 띤 제도가 피어날 수 있다.

책은 읽어봐야 그 가치를 알 수 있으며, 그 평가도 각양각색일 수밖에 없다. 누군가에게는 이 책이 나름 읽을 만한 책이었을 수 있지만, 누군가에게는 아무런 영감을 주지 못하는 범서凡書였을 수 있다. 그러나 어떤 평가가 내려지든 감사하다. 보잘것없는 책을 끝까지 읽어주신 것만으로도 큰 격려다. 더 많은 주제를 연구하고 준비했지만, 편집과정에서 과감히 삭제했다. 편집된 부분에 대한 아쉬움도 남지만, 독자들도 가벼운 마음으로 책을 즐기고, 플랫폼 경제에 대한 이해를 조금이라도 넓힐 수 있었다면 저자로서 더 바랄 나위가 없다.

감사의 글

이 책의 원고를 읽어주시고 유익한 피드백을 주신 모든 분께 감사드립니다. 여러분의 도움이 있었기에 이 책이 쓰일 수 있었습니다. 다듬어지지 않은 미완의 원고를 처음부터 읽어주신 동솔식구들에게 감사드립니다. 동솔식구의 아낌없는 응원이 있었기에 이 책의 원고를 완성할 수 있었습니다.

손수 문장을 다듬어주신 성정열 변호사님, 흥미로운 아이디어를 제공해 주신 최재혁님, 염현구님, 김시훈님, 정해련님, 김경희님, 오민정님께도 감사드립니다. 금융론 강의를 통해 새로운 아이디어를 주신 동국대학교 강경훈 교수님께도 감사드립니다. 이 책에 실리지는 못했지만 날카로운 평을 주신 텍사스 김승중님께도 감사드립니다.

마지막으로 이 원고가 세상에 나올 수 있도록 출간을 도와주신 미디어숲 김영선 대표님께 감사드립니다. 이교숙 편집장님은 글을 쓰고 책의 방향을 설정하는 데에 아낌없는 도움을 주셨습니다. 그리고 부족한 문장을 다듬어주신 남은영님, 양다은님께도 감사의 마음을 전합니다.

240

프롤로그

1 로빈 던바·클라이브 갬블·존 가울렛, 「7. 거대 사회 속에서 생활하기」, 『사회성』 이달리 역, 처음북스, 2016

2 로빈 던바, 「7. 진화가 남긴 흔적들」, 『던바의 수』 김정희 옮김, 아르테, 2018

3 존 맥닐·윌리엄 맥닐, 『휴먼웹(세계화의 세계사)』, 유정희·김우영 옮김, 이산, 2007

PART 1. 변화를 몰고 올 네트워크 경제

1 곽관훈, 「온라인 플랫폼사업자와 상거래법제, 양면시장에 적합한 규제방향 검토」, 『기업법연구 32』, 2018, 이상규, 「양면시장의 정의 및 조건」, 『정보통신정책연구』 21-4, 2014

2 Rochet and Tirole, 「Platform Competition in Two-Sided Markets」, Journal of the European Economic Association, 2003

3 김진영, 김민용, 「모바일서비스 플랫폼의 양면시장 형성단계에 관한 연구」, 『인터넷전자상거래연구』, 2013

4 노상규, 「하지만 공짜 점심은 없다?」, 《오가닉 미디어랩》(www.organicmedialab.com), 2013.4.30.

5 김지홍·김승현, 「미국 AMEX카드 판결과 양면시장 이론의 경쟁법적 적용」, 『저스티스』, 2020. 이 조항은 1950년대 아멕스카드가 처음 시장에 진출했을 때부터 존재했지만, 본격화된 것은 1990년대 중반으로 본다.

6 누적 가입자 1억 명, 열 살 된 카카오톡의 내일은, 《한국일보》, 2020.3.1.

7 김진영, 김민용, 「모바일 서비스 플랫폼의 양면시장 형성 단계에 관한 연구」, 『인터넷전자상거래연구』, 2013

8 레너드 코페트, 「감독편」, 『야구란 무엇인가』 이종남 옮김, 황금가지, 2009

9 레너드 코페트, 「감독편」, 『야구란 무엇인가』 이종남 옮김, 황금가지, 2009

10 야구 감독의 권위는 국가나 사회문화, 구단에 따라 다를 것이다. 이 글은 주로 레너드 코 페트가 예시로 든 미국의 사례를 참고했다. 그러나 한국의 스포츠 문화에서는 여전히 감 독의 권위가 존재하고 있으며, 상명하복의 질서가 남아 있다고 한다.

11 엔씨소프트가 개발한 AI, 날씨 기사 쓴다, 《중앙일보》, 2020. 4. 28.

12 KISTI, 인공지능 기반 논문 요약서비스 시행, 《연합뉴스》, 2020. 7. 6.

13 오랫동안 중개인이 없는 송금 거래는 불가능했다. 비트코인 등장 이전까지 중개인이 없는 네트워크는 각 노드가 장부를 위변조하는 비잔틴 장군 문제(Byzantine General Problem)와 잔고를 두 번 사용하는 이중사용(double spending)의 문제를 해결하지 못 했다.

14 블록체인은 거래생성(Creation), 거래와 블록의 확산(Propagation), 블록검증 (Validation), 블록전파(Propagation), 블록확인(Confirmation)의 과정을 거친다. (M.Belotti et al. 2019) 채굴은 거래를 검증(Validation)하는 과정으로 거래내역을 정리 한 후 작업증명(PoW)을 만들고, 그 대가로 보상을 받는 행위를 총칭하지만, 논의의 단순 화를 위해 지난 10분간의 거래를 정리하는 작업이라 설명하였다.

15 비트코인의 경우 최초 블록에는 50 BTC가 보상되었고, 매 21만 블록마다 절반으로 감소 하도록 약속되어 있다. 비트코인 시스템이 수많은 채굴자에게 보상할 수 있는 원리는 모 든 채굴자의 기여에 대한 정확한 측정이 가능하기 때문이다. 블록체인에서는 모든 채굴 자가 장부 정리에 기여한 부분을 정확히 측정한다. 내가 삽을 한 번 떴는지, 수백 번을 떴 는지가 정확히 기록되는 것이다. 아주 작은 기여에 대해서도 대가를 지불할 수 있는 마이 크로페이먼트(micropayment)도 가능하다. 전자적으로 계산되는 코인은 무한에 가깝게 쪼개서 아주 작은 단위로 계산하고 전달할 수 있다. 이 원리를 통해 여러 채굴자는 자신 의 기여분에 대한 소액의 보상을 받는다.

16 거래내역(트랜잭션, Transaction)은 해시함수를 이용하여 머클트리(Merkle Trees)의 형 태로 블록에 저장된다. 해시함수는 해시값에서 역으로 원본 메시지를 유추할 수 없는 일 방향 함수다. 비트코인은 메시지를 32비트의 암호로 다이제스트(digest)하는 SHA-256 해시함수를 사용한다. 거래내역을 해시함수로 변환하여 머클트리의 형태로 저장하는 목 적은 기록의 불변성을 보장하기 위함이다. 해시함수와 머클트리 구조는 거래기록이 조금

만 변경되어도 완전히 블록의 모습이 달라지며, 결과적으로는 위변조 여부를 식별하는 장치가 된다.

17 엄밀히 말하면, 블록과 블록을 연결하는 접착제는 블록의 해시값이다. 논스는 블록헤더의 일부분을 구성하는 숫자에 불과하나, 논스를 토대로 블록의 해시값이 만들어지기 때문에 논스를 접착제에 비유했다. 즉, 해쉬값은 접착제이며, 논스는 접착제를 만들기 위한 하나의 성분이다. 블록헤더는 블록버전, 머클트리 루트의 해시값, 타임스탬프, 목표임계값, 논스, 부모블록의 해시값으로 구성된다. 논스는 목표임계값 이하의 블록 해시값을 찾기 위해 임시로 사용하는 숫자다. 블록을 연결할 때 미리 정해진 목표값 이하의 해시값을 구해야 하는데, 이 해시값을 구하기 위해 사용하는 임시값이 논스다.

18 논스를 찾는 작업은 작업증명(Proof-of-Work)이라고도 한다. 논스를 정확히 설명하기 위해서는 해시함수에 대한 이해가 선행되어야 하나, 이 책의 논의범위를 벗어나기 때문에 생략한다.

19 발생한 거래는 다른 노드(Nodes)로 브로드캐스팅되기 때문에, 다른 노드들은 장부를 공유할 수 있다. 브로드캐스팅은 가십 프로토콜(gossip protocol)에 따르며, 블록전파(block propaganda)라고도 일컫는다. 가십 프로토콜에 따라 블록이 전파되기 때문에 여러 개의 블록이 병존하는 포크(fork) 현상이 발생하고, 가장 긴 블록체인 행렬을 선택하는 네트워크 간의 합의과정이 필요하다.

20 Bill Gates Sounds Alarm On Bitcoin's Energy Consumption - Here's Why Crypto Is Bad For Climate Change, 《Forbes》, 2021. Mar. 9.

21 블록체인의 PoW와 합의방식은 기존의 네트워크 구조가 해결하지 못하던 신뢰의 문제를 해결했다. 고의적으로 메시지를 조작하는 비잔틴 행동(Byzantine Behavior), 여러 노드들이 컴퓨팅 파워를 연합하여 공격하는 시빌 어택(Sybil Attack), 실수로 거래내역을 누락하는 생략 문제(Omission) 등이다.

22 Szabo. N., 「Money, Blockchains, and Social Scalability」 2017

23 어떻게 성능을 키울 건가? 느림보 비트코인의 확장성 강화 시나리오, 《테크잇》, 2019. 6. 16.

24 Szabo. N., 앞의 논문

25 Peters & Panayi, 「Understanding Modern Banking Ledgers Through Block chain

Technologies; Future of Transaction Processing and Smart Contracts on the Internet of Money』 2016

26 제이슨 솅커, 「Ch10, 블록체인」 『금융의 미래』 최진선 옮김, 리드리드출판, 2020

27 제이슨 솅커, 「Ch10, 블록체인」 『금융의 미래』 최진선 옮김, 리드리드출판, 2020

28 프로그래밍된 조건이 모두 충족되면 자동으로 계약을 이행하는 자동화된 계약 시스템

29 하이퍼레저(Hyperledger)는 리눅스 재단이 주도하는 엔터프라이즈용 블록체인 기술개발 오픈소스 프로젝트다. 하이퍼레저 패브릭(Hyperledger Fabric)은 이 프로젝트 중 하나로 블록체인 기반의 응용프로그램을 개발하기 위한 플랫폼이다. 하이퍼레저는 기존의 블록체인과 작동원리부터 상이하다. 기존의 블록체인은 PoX 방식의 작업증명을 사용하는 데에 반해, 하이퍼레저 패브릭은 BFT 방식을 사용한다. Execute - Order - Validate 아키텍쳐로 작동하는 BFT 방식은 PoX 방식(Order- Execute)에 비해 작업 속도나 활용 범위에 있어 우위를 보인다.

30 E. Androulaki et al, 「Hyperledger Fabric: A Distributed Operating System for Permissioned Blockchains」 『EuroSys '18』 Article No 30 1-5, 2018

31 Marianna Belotti et al, 「A Vademecum on Blockchain Technologies: When, Which, and How」 『IEEE Communications surveys & Tutorials』 Vol 21, 2019

PART 2. 네트워크가 경제 권력을 재편하다

1 유발 하라리, 『호모데우스』 김명주 옮김, 김영사, 2017

2 미국의 경제학자 폴 크루그먼은 동아시아의 경제성장이 양적팽창에 기반하고 있다고 지목했다. (P.Krugman, The Myth of Asia's Miracle, 1994) 동아시아 국가들은 효율성 획득보다는 노동과 자본을 특정 부문에 집중적으로 투입해 성장신화를 만들었다는 것이다. 경제 규모가 작을 때는 집중투자 방식이 가능했지만, 규모가 커질수록 어려워진다는 폴 크루그먼의 지적도 데이터를 누가 가장 효율적으로 처리할 수 있느냐는 이 책의 논지와 상통한다.

3 김동춘, 『1997년 이후 한국 사회의 성찰』 길, 2007

4 통계청, 국가통계포털, 2021

5 지주형, 「신자유주의적 경제 권력의 해체와 경제민주주의」, 2012

6 Imanol Arrieta Ibarra, et al. 「Should We Treat Data as Labor?」, 『America Economic Association』, 2018

7 에릭 포즈너·글렌 웨일, 「5장 노동으로서 데이터 공급」, 『래디컬 마켓』, 박기영 옮김, 부키, 2019

8 Imanol Arrieta Ibarra, et al., 앞의 논문

9 Data workers of the world, unite, 《The Economist》, 2018. 7. 7.

10 에릭 포즈너·글렌 웨일, 앞의 책

11 우리나라에서는 AI를 훈련시키기 위한 데이터 수집에 정부도 적극적인 역할을 하고 있다. 정부는 2020년 7월, 한국판 뉴딜의 10대 대표 과제의 하나로 '데이터댐' 사업을 선정했다. 21세기의 원유라 불리는 데이터를 집결·가공·거래할 수 있는 일종의 '댐'을 만들겠다는 것이다. 'AI 학습용 빅데이터 구축'은 데이터댐 사업 중의 하나다.(한경경제용어사전, 2021) 이 작업의 핵심은 클라우드 소싱을 통해 일반인이 데이터 '세그멘테이션(segmentation, 이미지가 주어지면 이미지에 있는 객체를 분리·인식하는 작업)'에 참여하는 것이다. 이미지 데이터가 세그멘테이션되어야 각 객체가 무엇인지를 인식 가능해진다.(김용대, 2021)

12 C. Biancotti & P. Ciocca, 「Opoening Internet Monopolies to Competition with Data Sharing Mandates」, 『PIIE Policy Brief』, 2019

13 《eMarketer》, 2020. 2

14 위키백과, 박근혜 대통령 퇴진 운동, 2016년 12월 3일 열린 6차 집회. 경찰 추산 수치이며, 주최 측 추산 수치는 232만 명이다.

15 이 현상을 지칭하는 공식적인 명칭은 없다. 그러나 여기에서는 제러미 하이먼즈, 헨리 팀스의 책 『뉴파워』(2019)에서 사용한 '뉴파워'라는 용어를 그대로 썼다.

16 차기 대선주자 지지율, 이재명 23퍼센트로 1위, 《조선비즈》, 2021. 1. 15.

17 제러미 하이먼즈 외, 『뉴파워』, 홍지수 옮김, 비즈니스북스, 2019

18 제러미 하이먼즈 외, 앞의 책, 2019, p.58의 그래프를 한국식으로 저자가 재구성하였다. 제러미 하이먼즈는 그래프의 X축과 Y축을 보다 정량적으로 분석하였으나, 여기에서는 이해를 위해 4유형의 권력 모델로 단순화했다.

19 제이슨 솅커, 「Ch.26 국가 내부의 여러 정체성」『반란의 경제』 최진선 옮김, 미디어숲, 2021

20 위키백과

21 요하이 벤클러, 『네트워크의 부』 최은창 옮김, 커뮤니케이션북스, 2015

22 이항우, 정보사회론 강의자료, 충북대학교 KOCW, 2014

23 최고 백과사전 자존심 싸움 불붙었다, 《한국경제신문》, 2006. 3. 28.

24 요하이 벤클러, 『네트워크의 부』 최은창 옮김, 커뮤니케이션북스, 2006

25 좋은 모듈은 동료생산 결과물의 질(Quality)과 직결되어 있다. 좋은 모듈이 되기 위해서는 다른 모듈들과 유기적으로 연결되면서도, 독립성을 띠어야 한다. 즉, 한 모듈의 변화가 다른 모듈의 변화를 연쇄적으로 유발하지 않아야 한다. 특정 모듈에 오류가 발생하더라도 수정하기 쉽게 만드는 것이다.

26 Benkler and Nissenbaum, 「Commons-based Peer Production and Virtue」『The Journal of Political Philosophy』 Vol 14. 2006

PART 3. 이제는 플랫폼 경제 시대다

1 전익진, 안재현, 김도훈, 「플랫폼 비즈니스에서의 승자독식 현상에 영향을 미치는 서비스 특성」『경영과학 33(4)』 2016.12

2 《이데일리》, 플랫폼의 힘, 이커머스 전쟁승부 갈랐다. 2021.4.21.

3 《매일경제》, 年매출 20% 이상 성장 '진격의 아마존'…성공비결은 노마진 전략과 끊임없는 변신, 2016.4.22.

4 마셜 밴 앨스타인, 상지트 폴 초더리, 제프리 파커, 「제10장 경영전략」『플랫폼 레볼루션』

이현경 옮김, 부키, 2020.

5 마셜 밴 앨스타인, 상지트 폴 초더리, 제프리 파커, 앞의 책

6 그러나 쿠팡의 싱글호밍 전략은 결국 철회되고 만다. 쿠팡은 2018년부터 상품 검색 확대를 위해 네이버에 상품 검색 데이터베이스 공급을 재개했다.

7 《매일경제》, 年매출 20% 이상 성장 '진격의 아마존'…성공비결은 노마진 전략과 끊임없는 변신, 2016.4.22.

8 《Bloomberg Businessweek》, The Key to Lyft's IPO Could Be Happier Drivers, 2018.12.19.

9 《서울경제》, 우버 운전자들의 글로벌 파업 '빈곤을 향해 운전 중', 2019.5.9.

10 조영빈, 「스마트 모빌리티 서비스의 현황과 미래」, 『DNA플러스 2019』, 한국정보화진흥원, 2019

11 《Hootsuite》, 47 Facebook Stats That Matter to Marketers in 2021, 2021. Jan. 11.
《Hootsuite》, 44 Instagram Stats That Matter to Marketers in 2021, 2021. Jan. 6.
12 《MessengerPeople.com》, WhatsApp, WeChat and Facebook Messenger Apps - Global useage of Messaging Apps, Penetration and Statistics, 2020.10.30

13 위키백과, 만리방화벽

14 윤재웅, 「13. 플랫폼 제국의 그림자, 디지털 빅브라더」, 『차이나 플랫폼이 온다』, 미래의 창, 2020

15 《한국경제》, 중국 앞에선 콧대 낮추는 구글·페이스북… '정부 검열'까지 수용, 2018.8.13.

16 《매일경제》, 구글전회장, "인터넷, 10년 뒤엔 미국, 중국형으로 양분될 것", 2018.9.21.

17 《조선일보》, '틱톡' 모회사 바이트댄스 자산가치, 넷플릭스 넘어서, 2021.4.9.

18 Financial Times, TikTok's rampant growth strikes wrong note with US, 2020.7.25.

19 《조선일보》, 美 법원은 중국 틱톡 손들어줬다, 트럼프의 '다운로드 금지' 제동,

2020.9.28.

20 《이데일리》, 트럼프 떠나자…틱톡, 미국 매각 협상 중단, 2021.2.15.

21 《동아일보》, 국가비상사태까지 선포하며 화웨이에 칼 빼든 美…견제 진짜 이유는?, 2020.5.22.

22 비금융 실물경제활동에 비해 금융활동의 상대적 중요성이 지속적으로 증가하는 현상이다.(Turner, 2010) 금융경제학에서는 금융자산/GDP, 민간신용/GDP, 자본거래총액/GDP 등을 금융화의 지표로 삼기도 한다.

23 세계 각국에 흩어져 있는 금융회사를 네트워크와 위계질서 중 어떤 방식으로 관리할지의 문제에 대해서는 여러 가지 설명이 가능하다. 다만, 영국과 네덜란드의 동인도회사 경영방식이라는 역사적 사례는 네트워크와 위계질서의 우열에 대한 시사점을 제공한다. 네덜란드는 각 국의 무역항들을 강력한 위계질서로 관리했다. 반면, 영국은 각 무역항을 느슨한 네트워크로 연결했다. 영국은 네트워크를 유지하기 위해 사적 교역 허용이라는 대리인 비용을 치러야 했지만, 결과적으로 영국의 네트워크는 네덜란드의 위계조직에 비해 경쟁우위에 서게 된다. (니얼 퍼거슨, 2019)

24 니얼 퍼거슨, 「네트워크들이 만났을 때」 『광장과 타워』 홍기빈 옮김, 21세기북스, 2019.

25 부채의 증가는 닉슨 쇼크 이후 명목화폐의 발행과도 관계가 있다. 1980년대 우리나라도 외채가 국가적 문제가 되기도 했다. 1983년 우리나라는 멕시코에서 열린 세계청소년 축구대회에서 4강에 오르는 쾌거를 이루었다. 그러나 당시 4강 신화 뒤에는 달갑지 않은 소리도 함께 따라붙었다. 공교롭게도 세계 외채 순위 상위권을 기록하는 나라들(브라질, 아르헨티나, 멕시코, 한국)이 축구대회에서 4강에 올랐기 때문이었다.

26 라나 포루하, 『메이커스 앤드 테이커스』 이유영 옮김, 부키, 2018.

27 미국 제조업의 상징인 GM은 2008년 글로벌 금융위기를 맞아 파산 신청을 한다. 미국 정부로부터 134억 달러의 공적자금을 지원받아 GM은 회생하게 된다. 공적자금으로 회생한 GM은 그 이후 주가 관리를 위한 자사주 매입에만 106억 달러를 사용했다.

28 김천구, 박정수, 「우리나라 금융의 적정성과 경제성장 효과」 2018. 9.

PART 4. 모든 것을 연결하려는 플랫폼의 도전

1 기업과 은행이 오랜 거래 관계를 맺고, 이를 토대로 금융 계약을 맺는 기법을 '관계형 금융'
이라고 한다. 은행원들은 여러 지역본부(지점)를 옮겨 다니는 순환근무를 기본적인 근무
형태로 삼는다. 그러나 일부 은행원들은 특정 지역본부를 근무지로 두기도 하며, 간부급
은행원들은 특정 지역에 장기간 근무하기도 한다. 이 과정에서 고객기업과의 네트워크가
형성된다. 실무적으로도, 은행들은 명절이나 기념일을 활용하여 고객기업에 특산품을 증
정하는 등 네트워크 관리를 위해 노력하고 있다.

2 Sharpe, 「Asymmetric Information, Bank Lending and Implicit Contracts」, 『The
Journal of Finance』, Vol 45, 1990.

3 기업도 주거래은행을 두는 동시에 여러 은행과 거래하는 방식으로 홀드업 문제에 대처한
다. 우리나라 기업들은 다수은행과 거래하는 비중이 높다. 한국의 경우 대부분(83.8%)의
기업이 다수은행과 거래를 하고 있다. 우리나라의 경우 한 기업이 일반적으로 3개 은행과
거래를 하고 있다. 반면 미국의 경우에는 절반(55.5%)의 기업만이 다수은행과 거래하고
있다. 거래하는 은행의 수도 적다. 이들은 일반적으로 2개의 은행과 거래관계를 하고 있
다. 이는 양국의 금융환경의 차이에서 기인한다. 미국에서는 은행이 강력한 자리를 차지하
지 못하기 때문에 상대적으로 홀드업 문제에서 자유롭다.

4 「2019년 지급수단 및 모바일 금융 서비스 이용 행태」, 한국은행, 2020. 신용카드 결제는
전체 결제 규모의 43.7퍼센트를 차지한다.

5 금융권은 빅데이터를 어떻게 활용할까?, 《효성FMS 뉴스룸》, 2019. 6. 28.

6 어떻게 알았지? 그 뒤엔 빅데이터의 힘, 《한국경제신문》, 2019. 4. 26.

7 은행이 본질적으로 불안정성을 띠기 때문에 정부도 은행을 다른 금융회사보다 강하게 규
제하고 있다. 유동성 비율 규제를 통해 은행이 대출액 대비 충분한 현금을 보유하도록 규
제하고 있으며, 지급준비율 규제를 통해 예금의 일정 비율은 아예 한국은행에 맡겨 놓도록
규제하고 있다.

8 Kashyap, Rajan, Stein, 「Banks as Liquidity Providers」, 『The Journal of Finance』, LVII,
2002.

9 대니얼 카너먼, 「29. 네 갈래 유형」, 『생각에 대한 생각』, 이창신 김, 김영사, 2011

10 D.Kahneman, 「A. Tversky, Choices, Values, and Frames」『American Psychologist』 vol34. 1984

11 카카오뱅크(모바일 완결의 추구), 《DB금융투자》, 2019. 10.

12 류덕위, 「지방은행의 지역중소벤처기업지원과 지역금융정책」『벤처창업연구』 제8권 제 4호, 2013.

13 「Sound Practices: Implications of fintech development for banks and bank supervisors」《BCBS》, 2018.

14 「우리나라 은행 산업의 미래와 시사점」한국은행, 2020. 저자의 논지에 맞게 재구성하 였다.

15 현대카드, 비용 효율화–신규 모집단가 대폭 축소, 《더벨》, 2020. 8. 28.

16 골드만삭스, 주식트레이더 600명에서 2명으로 줄인 이유, 《이코노미 조선》, 2017. 2. 20.

17 Application Programing Interface. 오픈 API는 누구나 사용할 수 있도록 공개된 API를 말하며, 개발자에게 사유 응용 소프트웨어나 웹 서비스에 프로그래밍적인 권한을 제공한 다. 은행 시스템을 표준화하여 외부로 제공하는 수단이다. 우리가 전자제품을 사용할 때 규격화된 콘센트에 플러그를 꽂으면 전기를 사용할 수 있듯이, 은행 시스템을 외부로 송 출할 수 있는 표준화된 콘센트를 만들어 두는 것이다. 핀테크 회사들은 표준화된 플러그 를 은행의 오픈 API에 꽂으면 은행이 제공하는 시스템과 데이터에 접속 가능해진다.

18 다나카 미치야키, 『아마존 뱅크가 온다』 류두진 옮김, 21세기북스, 2020.

19 Bank of America Sets Record for Patents in 2020 with Majority of Employees Working from Home, Company Announcement, 《FT》, 2021.Feb.18

20 은행은 없다. 테크기업만 있다… AI날개 단 뱅크오브 아메리카, 《한국경제》, 2021.3.11.

21 Hugh Son, Bank of America tech chief is skeptical on blockchain even though BofA has the most patents for it, 《CNBC》, 2019. Mar. 26.

22 기업은행은 비대면 주담대 상품을 출시했으며, 케이뱅크는 비대면 아파트담보대출 상

품인 '아담대'를 출시했다. 그러나 비대면 완결이 가능한 주택금융 업무는 Home Equity Loan(기존 주택에 대한 담보대출) 분야다. Mortgage Loan(신규주택 구입, 매매를 위한 담보대출)은 여전히 비대면 완결이 어렵다. 소유권 이전, 근저당권 설정 등의 비대면 프로세스가 존재하며, 대면으로 계약을 처리하는 주택 매매계약의 특징 때문이다.

23 삼정KPMG, 「은행산업에 펼쳐지는 디지털 혁명과 금융패권의 미래」, 『삼정 인사이트』 Vol. 73. 2021.

24 2020년 8월, 데이터 3법 개정으로 출범한 '본인신용정보관리업(마이데이터 사업)'은 금융 플랫폼 전쟁을 본격화시키는 계기가 될 것이다. 마이데이터 사업은 개인이 가입한 예금, 보험, 펀드 등 금융상품에 관한 정보를 수집하는 사업으로서 맞춤형 금융 컨설팅 서비스를 제공하기 위한 기반이 되는 사업이다. 물론 마이데이터 사업 출범 이전에도 많은 핀테크 회사들은 '스크래핑' 방식으로 개인정보를 수집했다. 그러나 2020년 8월부터 정부는 스크래핑 방식을 금지하고, 허가받은 마이데이터 사업자들만 'API 방식'으로 개인정보를 수집할 수 있도록 제도를 변경했다. 마이데이터 사업은 데이터의 주권이 누구에게 있느냐에 대한 문제와도 연관된다. 마이데이터 사업은 정보 주권이 정보 주체에게 있다는 철학에 기반하고 있으며, 정보 주체의 정보 활용 권한을 보장하기 위한 제도다.

25 BCBS(2018)의 다섯 가지 시나리오 중 '플랫폼과의 역할분담(The Distributed Banks)', 또는 '뒤로 밀려난 은행(The Relegated Bank)'에 가까운 모습이다.

26 BCBS(2018)의 다섯 가지 시나리오 중 '진화한 은행(The Better Banks)'에 가까운 모습이다.

27 카카오, 네이버 등의 플랫폼 기업들은 밀레니얼 세대라는 새로운 소비자들과 친숙하고, 고객접점에서 강점을 지니고 있는 것이 사실이다. 이들은 AI, 빅데이터, 머신러닝 등 금융의 판도를 바꿀 수 있는 4차 산업혁명 관련 기술에 비교우위가 있다.

28 물론 여전히 법과 제도의 문제는 남는다. 은행의 본질적 업무는 은행이 수행하는 것이 원칙이다.

29 크리스 스키너, 『디지털 뱅크, 은행의 종말을 고하다』, 안재균 옮김, 미래의 창, 2015.

30 앞서 살펴본 DBS의 '보이지 않는 은행'과 유사한 개념이다.

31 지정대리인은 금융사의 핵심 업무를 핀테크 업체가 시범 운영할 수 있도록 허가해주는 제도다.

32 신한은행 일본 자회사 뉴, 일 디지털 은행에 기술 수출, 《매일경제신문》, 2020. 11. 1.

33 조영서, 「소비지출 관리 등 고객 경험 혁신시대, 메가 금융 플랫폼 전쟁의 서막 열려」, 『DBR』, 2020.9-2.

PART 5. 네트워크가 만드는 자본주의 이후의 세계

1 삼성화재, 삼성생명, 삼성카드와 같이 은행 이외의 금융회사는 왜 재벌기업이 소유하느냐는 의문을 가질 수도 있을 것이다. 이 금융회사들도 은행과 마찬가지로 금산분리 규제들이 적용된다. 다만, 은행은 재벌기업의 소유 자체를 원천 금지하고 있으며, 증권사, 보험사, 카드사 등은 소유는 허용하되 대주주와 부당한 거래를 하지 못하도록 막는 방법으로 금산분리를 시행하고 있다.

2 공정거래위원회의 판단에 대한 네이버의 주장은 다르다. 네이버는 사용자 요구를 살펴 서비스를 개편한 것일 뿐이라며 공정거래위원회 판단에 대해 행정소송을 제기했다.(네이버 검색 알고리즘 조작, 267억 원 과징금, 《MBC》, 2020. 10. 7., 행정소송 나선 네이버vs공정위 2라운드, 《뉴스1》, 2021.2.25). 법원은 네이버가 공정위를 상대로 낸 집행정지 신청에 대해 시정명령 및 과징금 납부명령의 효력을 본안사건의 판결 선고 후 30일까지 정지한다며 일부 인용결정을 내렸다.(법원, 검색 알고리즘 조작 의혹 네이버 과징금 효력정지 인용, 《뉴스핌》, 2021.3.3.)

3 EU 미 IT 공룡 견제, "경쟁사들과 데이터 공유해야", 《서울경제》, 2020. 2. 20.

4 How to Tame the Tech Titans, 《The Economist》, 2018. 1.

5 EU는 2030년까지 데이터 단일시장을 구축하려는 목표를 세웠으며, IT 시장에서 지배적 위치에 있는 기업에 정보 공유를 주장하고 있다.

6 김만권 「기본소득과 기초자본으로 실패할 기회를 주자」, 《뉴스톱》, 2019. 7. 8.

7 Wikipedia, Hollywood Stock Exchange.

8 최예준, 「디센터 뉴월드(프로젝트 파이낸싱 vs. 퍼블릭 파이낸싱)」, 《Decenter》, 2018. 9. 11.

9 김대식, 「11장, 인간 vs 기계」, 『김대식의 인간 vs 기계』, 동아시아, 2016

10 물론 앞서 2장에서 설명했듯이, 데이터를 노동으로 볼 것인지(DaL), 데이터를 자본으로 볼 것인지(DaC)의 문제는 여전히 사회적 합의가 필요한 영역이다.

11 신자유주의는 상황과 맥락에 따라 여러 의미로 사용되기도 한다. 신자유주의가 가장 많이 사용되는 맥락은 세계화와 금융화를 지칭할 때다. 시장주의와 작은 정부라는 정책 기조를 일컫기 위해 사용되기도 한다. 글로벌 금융위기 이후에는 부정적 뉘앙스로 많이 사용된다. 자본주의의 약탈적 모습을 지적하기 위한 정치적 수사(rhetoric)로 신자유주의라는 용어가 사용된다.

12 부 낙수효과 없다. 교황의 이례적 자유시장 정책 비판, 《매일경제신문》, 2020. 10. 4.

13 브랑코 밀라노비치, 『왜 우리는 불평등해졌는가』 서정아 옮김, 21세기북스, 2017.

14 토마 피케티, 『자본과 이데올로기』 안준범 옮김, 문학동네, 2020, p.43.

15 Paul Kingsnorth, 『One No, Many Yeses』 2003.

16 마이클 헬러, 『소유의 역습 그리드락』 윤미나 옮김, 웅진지식하우스, 2009

17 Wikipedia, Klondike Big Inch Land Promotion.

18 김회평, 특허전쟁의 패자들, 《문화일보》, 2012. 9. 5.

19 김회평, 특허전쟁의 패자들, 《문화일보》, 2012. 9. 5.

20 에릭 포즈너·글렌 웨일, 『래디컬 마켓』 박기영 옮김, 부키, 2019

21 중앙일보, 최성우의 공감의 과학, 카피레프트는 단순한 공짜가 아니다. 2018.3.20.

각종 소셜 네트워크는 비록 사회를 크게 평등하게 만드는 역할을 표방하고 있지만,
이들은 본질적으로 불공정하며 배타적이다.

니얼 퍼거슨

인터넷의 미래에 대한 가능성이 높은 시나리오는
중국식 인터넷과 미국식 인터넷으로 양분되는 것이다.

에릭 슈미트

정의의 일차적 주제는 사회의 기본구조,
사회의 주요 제도가 권리와 의무를 배분하고
사회 협동체로부터 생긴 이익의 분배를 정하는 방식이다.
존 롤즈